5분이란 시간

나명환 수필집

상지출판사

문학은 인생을 새롭게 해줍니다.

신학교를 졸업하고 27세에 담임전도사로 목회를 시작하여 70세까지 열심히 설교하는 일, 교인들을 보살피는 일과 교단 연합활동을 열심히 하면서 문학에는 무관심 하였는데 은퇴 후에 몇분 지인들의 권면으로 목요문학 회원으로 가입하고 지도를 받으면서 수필을 쓰기 시작하였습니다.

첫 작품으로 "다시 새겨야 할 민족의 잠언"은 민담과 속담으로 342편을 수록하였고, 두 번째는 "인생의 사춘기는 누구나 두 번 온다" 64편을 수록하였고, 세 번째는 "얼어붙은 눈물"로 51편 작품을 수록하였고, 네 번째 "5분이란 시간"은 42편을 수록하였습니다.

제가 50년의 세월을 설교하는 일을 열심히 하였기 때문에 수필도 예화도 설교형식으로 진행되어 있는 것을 이해해 주시고 읽어 주시기를 독자 여러분께 부탁을 드립니다.
감사합니다.

- 글쓴이 나명환 -

목 차

목 차

목 차

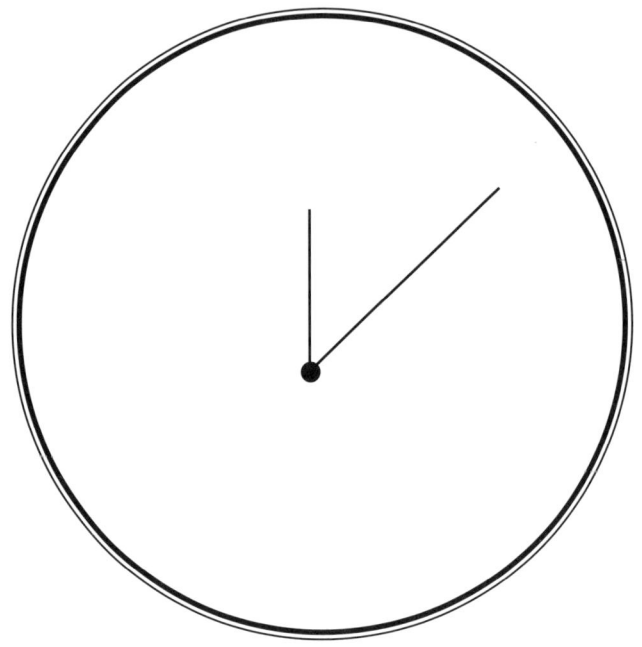

5분이란 시간

5분이란 시간

잠을 잘 자고 싶습니까?

  1. 먼저 마음이 편안해야 육체도 잠이 들게 된다. 잠을 잘 때는 똑바로 눕는 것보다는 왼쪽으로 옆으로 두 다리를 굽혀 근육을 느슨하게 해주는 것이 좋은 것이다.

  이런 자세로 잠을 자게 되면 취침 중에도 소화가 잘된다. 왜냐하면 왼쪽에 위가 자리 잡고 있기 때문에 소화가 잘될 뿐만 아니라 심상에도 압박을 주지 않기 때문에 혈액순환이 잘 되기도 한다고 전문가들은 한결같이 말하고 있다.

  2. 누워서 잠자기 전에는 절대로 화를 내지 말아야 할 것이다. 수면 상태가 되는 과정은 체온과 혈압이 조금씩 떨어지는 과정이라고 말할 수 있다.

  하지만 화를 내거나 근심을 하게 되면 체온이 올라가고 혈압도 높아진다. 그래서 결국 화내는 것은 잠을 못 들게 하는 적이 되는 것이다.

3. 잠자리에 눕게 되면 근심과 걱정을 하지 말아야 한다. 근심하게 되면 정신이 깨어나 잠들기 어렵다는 것이다. 동양의학에서는 근심과 걱정이 쌓이면 화병이 된다고 하였다.

4. 잠자리에서는 잠자는 것 말고는 딴짓을 하지 말아야 한다. 잠자리에 누워서 책을 읽거나 텔레비전을 본다거나 말을 자꾸 하거나 다른 일은 절대로 금물이 되어야 한다.

사람은 암시를 받는 동물이기 때문에 왜 잠이 안 오지... 왜 잠이 안 오지... 하며 부정적으로 생각하거나 말을 자꾸 하지 말고 긍정적으로 바로 잠이 잘 오네 반복을 하면서 내가 나에게 암시를 해주면 나도 모르게 숙면하게 되고 상쾌하고 건강한 몸으로 기상하게 될 것이다.

5. 무엇보다도 하나님의 사랑을 받아야 한다. "사랑하는 자에게 잠을 주시는 도다(시편 127:2) 사람의 사랑은 언제나 불완전하여 사랑을 노래하지만 내면에는 사랑의 변질이 있어서 잠자리를 불안케 한다.

그러나 하나님의 사랑은 변치않는 신뢰이기 때문에 하나님의 사랑을 받는 믿음은 능히 잠을 자게 하는 최고의 최면이다.

계절과 건강식품

봄철은 만물이 생동하는 계절이기 때문에 우리 인체에 간을 강화시켜 주어야 한다. 그래서 봄에 맨 처음에 나오는 열매는 신맛이 나오는데 매실과 살구와 딸기등인데 신장을 강화시키는 과일이 되고 음식은 신 김치를 먹으면 신장이 좋아진다. 그리고 된장국이나 냉이국이 좋은 음식으로 되어있나. 봄철 바람은 동풍인데 신장(간)을 좋아지게 한다.

여름철은 만물이 무성하게 되는 계절이다. 심장이 나빠지는 계절인데 심장을 건강하게 기르는 맛으로는 쓴맛 음식이 등장한다. 쑥, 고들빼기, 육모초, 재래종 오이 등인데 여름철에는 소화가 잘 안 되는 계절이기 때문에 유통기간이 지난 음식이나 찬 음식은 해로운 것으로 되어있다.

쓴맛은 여름에 심장을 활성화하기 위한 음식으로 좋은 식품이 된다.

여름철에는 심장이 안 좋아지는 계절이다. 그래서 쑥과 육모초와 고들빼기 같은 쓴맛 식품이 좋고 당분과 수분이 많은 과일, 참외, 수박, 바나나 등 식품이 좋은 것으로 알려져 있다.

여름철 바람은 남풍인데 심징을 좋아지게 하는 역할을 하게 된다.

가을철은 폐가 안 좋아지는 계절이다. 이에 매운 김치를 먹으면 폐가 좋아진다. 하여 가을철에 몸에 이로운 음식으로 건강을 유지하기 위해서는 폐를 강화해야 한다. 폐를 강화하는데 매운 음식이 좋은 것으로 알려져 있고, 매운맛 음식은 폐를 강화시켜 주고 매운맛은 심장을 도와주기도 한다.

가을에 먹을 수 있는 음식은 단맛으로 폐를 강화해주기도 하고 매운 음식(매운탕)은 가을에 폐기능을 활성해 주기도 한다. 과일로는 포도가 좋고, 식품으로는 마늘, 고추, 파 등이 좋고 쓴맛을 억제하는 것이 좋다.

또 한 가지는 가을바람으로 서풍인데 폐를 좋아지게 한다.

겨울철에는 콩팥이 안 좋아지는 계절이다. 겨울에는 짠 김치를 먹으면 콩팥이 좋아지고 겨울은 북풍 바람이지만 콩팥을 좋아지게 한다고 되어있다. 겨울철은 만물이 수장하는 계절이다. 그러므로 겨울철은 신장에 기를 저장하는 일에 힘써야 한다.

신장은 호르몬을 생산하고 저장하기 때문에 생명을 이어주는 아주 중요한 장기로 되어있다. 겨울철에 좋은 음식은 짠맛을 가진 가공식품(발효식품)과 짠 김치가 좋다.

봄에는 간을 길러주기 위해서 신맛 김치가 좋고 여름에는 단맛음식이 좋고 가을에는 매운맛 음식이 좋다. 사람들이 계절의 음식을 무시하고 자기 입맛대로 먹고 싶은 것들을 구별 없이 먹게 되면 해가 될 수 있다. 자기에 평형을 깨뜨리고 질병을 가져올 수 있기 때문에 삼가 조심해야 할 것이다.

우리가 생각 없이 무심함 속에서 장기를 쇠약하게 하고 병들게 하고 그 질병으로 고생하다가 결국 천수를 다하지 못하는 경우가 많다는 것이다.

의식동원(醫食同原)의 뜻은 첫째, 치료하는 것과 먹는 것이 같다는 말이고, 둘째, 약을 먹는 것과 음식을 먹는 것이 똑같다는 말이다. 건강과 장수의 가장 중요한 것은 우리가 먹는 음식과 밀접한 관계가 있다는 것이다. 모든 음식물은 우리의 건강을 위해서 좋은 자료가 된다고 말할 수가 있겠다.

그리고 먹을 수 있는 음식을 적당한 양으로 잘 먹는 것이 건강에 좋지만 음식을 욕심부리고 과식을 하면 발병의 원인이 되는 것이다.

사람들은 과식하기 때문에 위암에 걸리게 되는데 우리나라 사람들이 세계에서 위암이 가장 많이 걸리고 한국 의사가 위암 수술을 세계에서 제일 잘하는 것으로 알려져 있다.

5분이란 시간

영국의 웰링턴 공작이 어느 날 한 각료와 만나기로 약속했는데 그 각료는 약속 시간보다 5분이나 늦게 도착하였다.

웰링공작은 기분이 상해서 퉁명스럽게 말을 하였다.

"5분이나 늦었군" 말하자

"각하 겨우 5분 갖고 뭘 그러십니까?"

"겨우 5분이라니 그 5분 때문에 우리 군대가 패한다면 어떻게 하겠나?"

실제로 그 5분이라는 시간은 사람을 죽일 수도 있고 살릴 수도 있는 시간이기도 한다.

세계적인 작가 도스트옙스키는 28살에 젊은 나이에 내란 음모에 혐의를 받아 사형선고를 받았다. 영하 50도가 넘는 추운 겨울 시베리아 벌판에서 사형장의 기둥에 묶어지고 수건으로 눈을 가리고 총에 실탄을 넣는 소리가 들렸다.

이제 5분 후면 저 세상 사람이 된다. 그는 엄습하는 죽음의 공포에 몸을 떨었다. 그런데 바로 그 순간에 황제 특별 사면장을 가지고 한 병사가 흰 수건을 흔들며 말을 타고 달려온 것이다.

그리하여 그는 형장의 이슬로 사라지기 5분 직전 가까스로 목숨이 구출되었다. 그 후 그가 시간의 소중함과 삶의 소중함을 인식하고 전력투구하여 삶을 살았고 마지막 5분을 절실하게 생각한 대로 시간을 목숨처럼 여기며 죄와 벌(罪와 罰) 같은 불후의 대작들을 남겨놓게 되었다.

독일의 철학자 칸트는 단 몇 분의 차이도 없는 규칙적인 생활을 했다는 점에서 유명하다. 잠드는 시간 7시 30분이고 아침에 일어나는 시간을 여름철이건 겨울철이건 새벽시간 5시였다.

독신이었던 그는 일어나면 홍차 두 잔과 빵 한쪽으로 아침을 때우고 산책을 떠난다. 동네 사람들은 산책 중에 칸트를 만나면 바로 몇 시 몇 분이라는 것을 가늠했을 만큼 시간이 정확히 어느 지점을 통과했다고 한다. 〈시간을 서투르게 쓰는 사람이 시간이 짧다고 불평을 한다.〉

월남 이상재 선생이 나이가 60세가 되었는데도 영어 단어를 외우는 것을 보고 어떤 중학생이 "선생님 돌아가실 나이가 얼마 안 남았는데 영어 단어를 외워서 무엇합니까?"

"오냐 쓰려고 하는 거지! 너는 나보다 한 50년은 더 살겠지! 그러니까 영어단어 책을 배우려면 바쁘단다. 그러니 너하고 한가롭게 이야기할 시간이 없구나 어서 외워야 할 것이다." 하면서 학생을 물리

쳤다고 한다.

(로마서 13:11 이제 우리의 구원이 처음 받을 때보다 가까이 왔음이
니라)

결혼의 원리

 하나님께서 인간에게 주신 가장 큰 선물은 가정인 것이다. 동물
은 생식본능이나 집단본능에 의해서 존재하고 있다. 그러나 인간
에게는 가정을 이루고 살게 하셨다. 따라서 하나님께서 의도하셨던
최초의 원칙대로 산다면 우리의 가정은 행복해지고 복을 받게 될
것이다.

 그러나 죄를 지은 인간은 가정과 결혼생활을 하나님의 창조의 원
리에 따라 하지 않고 세상원리에 따라 하기 때문에 이혼하고 싸우
고 천국의 모습이 아니고 지옥 같은 모습을 이루고 사는 것이다.

 최초에 가정의 출발은 아담과 하와의 만남으로부터 시작이 되었
다. 하나님은 먼저 아담을 만드시고 에덴동산에 두셨고, 식물과 동
물을 다스리고 관계를 맺게 하시고 훈련을 하게 하시고 또 훈련이
끝난 다음에 아담을 돕는 베필인 하와를 만들어 주셨다.

 하나님께서 하와를 만드신 후 하와의 손을 잡으시고 직접 아담에

게 데려가셨습니다. 이것이 성경에서 말한 가정이요. 여기에 하나님의 축복과 인격적인 만남이 있는 것이다.

남녀가 오다가다 만나 결혼을 하는데 물론 전문 중매쟁이도 있지만 쉽게 만나고 그래서 쉽게 이혼하고 행복해야 할 가정이 불행하게 된다. 가정은 축복의 장소요. 회복의 장소요. 사랑의 공동체요. 섬김과 나눔의 공동체가 되는 곳이다. 최초의 가정에는 하나님이 계셨다는 것이요. 만나게 하셨고 행복하게 하신 분도 하나님이셨다. 하나님이 아담에게서 갈비뼈를 취하셔서 여자를 만드시고 그 여자를 데리고 아담에게로 오셔서 가정을 이루게 하셨다.

하나님은 여자를 아기로 만들어 키워서 데려오신 것이 아니고 처음부터 성인으로 만들어 주셨다. 계란이 먼저냐 닭이 먼저냐 질문을 하는데 닭이 먼저다. 왜냐하면 하나님의 창조는 언제나 완성품이라는 것이다.

우리는 보통 여자가 남자를 낳았지라고 말하지만 "고린도전서 11장 8-9절 남자가 여자에게서 난 것이 아니요 여자가 남자에게서 났으며 또 남자가 여자를 위해서 지음을 받지 아니하고 여자가 남자를 위하여 지음을 받은 것이다."라고 되어있다.

남자가 여자를 위해서 지음을 받지 아니하고 여자가 남자를 위하여 지음을 받은 것이다. 여자의 본질은 남자에게서 왔다는 것이다.

여기서 우리는 남자나 여자를 차별할 수 없다는 사실을 깨닫게 된다. 남자와 여자는 누가 먼저이고 나중이며 누가 높고 낮은가 하는 것을 구별하는 존재가 아니라 한 몸이라는 것이다.

창세기 2:24 "이러므로 남자가 부모를 떠나 그 아내와 연합하여 둘이 한 몸을 이룰지로다" 하나님이 의도하신 가정은

첫째, 독립성의 원리를 가져야 한다.

우리나라 문화는 남자가 부모를 떠나는 것이 아니고 여자가 부모를 떠나 남자의 집으로 들어가는데 여기서부터 시집살이 고통이 시작된다. 독립적인 삶이 전혀 없고 50-60세가 되어야 독립의 생활이 가능해진다.

성경은 결혼하는 순간부터 독립의 원리를 적용하라는 것이다. 여러 가지 실수가 있을지라도 잘못이 있어도 빠른 시간에 회복하고 결정권을 가지고 독자적인 가정을 꾸려갈 수 있는 능력이 생기게 되는 것이다.

부모를 떠난다는 것은 육체적으로 경제적으로 정신적으로 떠난다는 것이다. 아버지가 부자인 것과 아들의 경제는 사실관계가 없다는 것이다. 독립성은 진정한 새로운 가정의 출발인 것이다.

두 번째, 하나님께서 의도하시는 가정의 원리는 연합인 것이다.

'그 아내와 연합하여'라는 말은 접착제로 두 물체를 붙인다는 뜻이다. 진정한 결혼은 남편과 아내가 접착제로 붙여 놓은 것처럼 하나가 되어 어떤 누구도 들어올 수 없도록 밀착되어야 한다.

맞추는 방법은 자기 것을 포기하는 것이다. 대부분의 사람들은 자기 것을 포기하지 않고 상대방을 이기려고 한다. 두 사람이 서로 연합하려면 자기의 꿈도 포기하고 두 사람이 일치하고 동일한 새로운 꿈을 만들어 가야 할 것이다.

세 번째, 하나님께서 의도하시는 가정은 원래는 부끄러움이 없는 관계인 것이다.

가정의 궁극적인 목표는 부부가 한 몸을 이루는 것이다. 몸은 갈라지면 두 개가 되는 것이 아니고 몸은 갈라지면 죽게 되는 것이다. 참된 부부란 부끄러움이 없는 관계가 되어야 한다. 부끄러움이 없다는 것은 부부사이가 투명하다는 것이고 거짓이 없다는 것이며 죄가 없다는 것이다. 그때에 부끄러움이 없는 관계가 되는 것이다.

그때에 가정은 하나님이 기뻐하시는 복된 가정이 될 것이며 행복과 축복이 넘칠 것이다.

돈

돈에 대한 성경적인 교훈은 어떤 것인가?

돈이 있으면 귀신도 부릴 수 있다는 말도 있다. 돈이 장사다. 돈이 있으면 안 되는 일이 없다. 이런 말들을 우리가 예사롭게 하고 있다. 심지어 유전무죄. 무전유죄라는 말도 있다.

돈의 위력이 얼마나 대단한가를 우리들에게 시사해 주는 말이다. 어느새 돈이 우상이 되고 말았다. 대통령으로부터 시작해서 누구를 막론하고 그저 돈돈하고 살고 있지 않은가?

그것이 검은돈이건, 흰 돈이 건, 남의 돈이건, 내 돈이건, 부정하든, 정당한 돈이건 가릴 것 없이 돈 끌어 모으는데 급급해 온 것이 우리의 실상이 아닌가 생각을 해본다.

결과적으로 돈 만드는데 급급한 나머지 바르게 사는 것을 잊어버리고 돈에 대한 윤리도 도덕도 없어졌다. 누구를 막론하고 돈 잘 벌고 재산 많이 모으는 것이 성공이고 또 그런 사람들이 행세를 부려

온 것이 사실이다.

성경에 돈에 대한 이야기가 나오는데 긍정적인 평가로 말씀하신 바도 있고 때로는 부정적으로 평가한 말씀도 있다. 긍정적으로 평가한 말씀을 보면 사람이 돈을 번다든지 재산을 모으는 것을 하나님의 축복으로 소개도 하고 부정적으로는 돈을 사랑함이 일만 악의 뿌리가 된다고 하였고, 약대가 바늘귀로 나가는 것이 부자가 하나님 나라에 들어가는 것보다 쉬우니라 하였다.

그러나 성경은 돈 자체가 선하다 악하다 말씀하지 않고 돈에 대한 사람의 마음이 어떠한가에 따라서 그 돈이 선의 씨앗이 될 수 있고 악의 뿌리도 될 수 있다는 것이다.

재물로 인해서 내 인격이나 남의 인격이 평가되어서는 안 된다는 것이다. 재물이 있다고 해서 우쭐대며 교만해서도 안되고 재물이 없다고 해서 낙심하거나 비굴할 필요도 없다는 것이다.

재물 때문에 내 인격이 흔들리지 않도록 자신을 바로 세워가야 할 것이다.

우리가 먹을 것과 입을 것이 있은즉 족한 줄 알라 자족하는 마음이 있어야 한다는 것이다.

성경에서 아굴의 기도가 나오는데 나로 가난하게도 마옵시고 부하게도 마옵소서 오직 필요한 양식으로 내게 먹이소서 내가 배불러서 여호와가 누구냐 할까 하오며 내가 가난하여 도적질하고 하나님의 이름을 욕되게 할까 두려워하나이다. 우리가 하루 생활에 감사하며 자족하는 마음이 있어야 부정을 저지르지 않을 것이고 돈의 욕망의 노예가 되지 아니할 것이다.

　기독교인들은 돈을 버는 것보다도 먼저 그 돈이 의로운 돈이냐 아니면 불의한 돈이냐를 구분할 줄 알아야 할 것이다. 의를 겸한 소득이 비록 적을지라도 불의를 겸한 많은 소득보다 낫다는 가치관을 가져야 할 것이다.

　많은 재물보다 명예를 택할 것이요. 은이나 금보다 은총을 더욱 택할 것이라 적어도 기독교 가치관을 가지고 어떤 재물보다 신앙적으로 떳떳이 설 수 있고 부끄러움이 없이 자기 자신을 지켜가는 명예를 소중히 여겨야 할 것이다.

오른손이 하는 일을 왼손도 모르게

 구제비는 어려운 처지에 있는 사람들을 돕기 위하여 벌이는 사업이고 구제품은 어려운 처지에 있는 사람들을 돕기 위하여 보내주는 물품들이다.

 고넬료의 기도와 구제가 하나님 앞에 상달하여 기억하신 바가 되었다고 하였다. 로마인 고넬료는 가이사랴에 와서 그 다신교를 버리고 하나님을 믿었다. 용기 있게 자기 나라 종교를 버리고 기독교를 선택하였다. 고넬료는 구제하는 일을 힘썼고 로마사람으로서 지배하는 관리자인 그가 피지배국 국민을 많이 구제하면서 인정을 받게 되었다. 그것은 재벌들의 구제금과는 성격이 완전히 다른 것이다.

 어떤 재벌의 비서가 많은 돈을 구제금으로 기부한다고 신문사에 가져왔는데 신문사에서는 이름을 낼 수가 없고 무명으로 해야 된다고 했더니 곤란하다며 다시 돈을 가지고 갔다는 말이 있다.

 고넬료의 구제는 이런 자기의 이름을 내려는 구제가 없고, 하나님을 경외하는 자로서 경건하게 살면서 기도하는 사람으로 그의 구제는 믿음으로 사랑을 실천하는 것이었다.

성경은 구제할 때 오른손이 하는 것을 왼손이 모르게 하라고 가르치고 있는데 말하면서 자랑하지 말고 하는 구제를 하나님은 기쁘게 받으시고 기억하신다고 말하고 있다.

우리가 하는 구제도 이렇게 하도록 힘써야 할 것이다.

세계적으로 일 년에 굶어 죽는 사람이 늘어난다고 한다. 그런데 국제 연합식량기구(FAO)의 보고에 의하면 전 세계 식량 생산량을 현재 인구에 두 배도 먹을 수 있을 만큼 충분하다고 한다.

그런데 왜 굶어 죽느냐? 또 개발도상국에는 8억 4천1백여만 명의 인구가 만성적 영양실조 상태에 있다고 하는데 그 이유는 무엇인가? 배급체제가 잘못되었기 때문이라고 그들은 말하고 있다.

그러나 그보다 더 중요한 것은 고넬료와 같이 은혜를 받은 자가 그 은혜에 가진 것을 나누어 주지 않기 때문일 것이나. 바르게 나누이 주면 전 인류가 굶주리지 않을 것이다.

여러분들의 이웃 가운데 배고픔에 허덕이는 사람은 없는가요? 그들에게 구제의 손길을 펼 수 없을까?

우리의 이웃 중에 혹시 끼니 걱정을 하고 있는 이웃이 있다면 우리들이 꼭 구제의 손길을 펴야 할 것이다. 구제의 원리는 무엇인가? 너는 구제할 때에 오른손이 하는 것을 왼손이 모르게 하여 네 구제함이 은밀하게 하라(마 6:3-4)

구제의 목적은 구제를 필요로 하는 사람을 돕는 데 있다. 구제할 때에 오른손이 하는 것을 왼손이 모르게 하라 어떻게 오른손이 하는 것을 왼손이 모를까?! 그 말은 자랑하지 말라는 것이다. 구제는 내가 받은 은혜를 갚는 마음으로 해야 할 것이다. 감사의 마음이 없으면 아무리 많이 쌓아두어도 남을 구제할 수가 없다. 내 형편대로 구제의 손길을 펴는 것이어야 할 것이다.

　부자가 될 때까지 기다리면 구제 한 번 못하고 이 세상을 마치게 될 것이다. 슬픔 가운데 제일 큰 슬픔은 배고픔이라고 할 수가 있을 것이다. 우리나라 속담에 삼 일 굶으면 남의 집 담을 넘지 않을 수 없다는 말이 있다.

고귀한 인권

1948년 12월 10일은 UN에서 세계 인권선언을 채택한 날이기도 한다.

그래서 교회에서는 인권 주일로 지켜오고 있고 일반 사회에서는 인권주간으로 10~16일까지로 정해 놓았다. 유엔에서는 결의된 내용 중에 인상무인(人上無人) 안하무인(人下無人) 사람 위에 사람 없고 사람 아래 사람 없다. 그 누구나 똑같다. 누가 지배하고 누가 지배당할 수가 없다는 것이다.

우리말 가운데 천 층 만 층 구만 층이라는 말도 있다. 가만히 생각해 보면 여러 층으로 분리할 수도 있다. 계급적인 차이도 많고 질적으로는 좋은 사람, 나쁜 사람, 귀한 사람, 천한 사람, 훌륭한 사람 보잘것없는 사람, 유식한 사람, 무식한 사람, 예의가 바른 사람, 상식이 없는 사람, 출세한 사람, 실패한 사람 또 요즈음 갑질 부리는 사람도 있고, 억울하게 당하는 사람으로 나누어 볼 수도 있을 것이다.

금수저, 흙수저란 말과 갑질이란 말이 자주 나와서 유행어가 되어 있지 않은가. 이러한 말이 어디서부터 인지 생각해 보면! 이 말은 대기업과 납품업자가 계약을 쓰면서 대기업은 갑이 되고 납품업체는 을로 표기한다고 말하고 있다. 그런데 갑이 무리한 조건을 제시해도 을은 어쩔 수 없이 따라야만 계약이 성사되기 때문에 억울한 관계에서 갑질을 당한다라는 말이 나오게 되었다고 한다.

우리나라는 19세기 말부터 봉건주의를 청산하자고 외치게 되었다. 1897년 140년 전에 독립협의회의 주체로 대중토론회로 모이기도 하였다.

여기에서는 지식인들뿐만이 아니라 학생들도 상인들도 심지어 백정까지 참석해서 민주주의 장을 열기도 하였다고 한다.

그 자리에서 참석한 사람들은 임금이나 권세 잡은 자가 나라의 주인이 아니고 백성들 모두가 주인이라고 외쳤다고 한다. 해방 이후에 우리나라는 미군정치하와 이승만 독재에 이어 군사정권 독재 시절에 인권탄압이 얼마나 심했는지 모른다. 기독교 협의회(NCC) 인권위원회가 있었고 저자도 인권위원으로 활동을 하였다.

군사독재 정권은 반대하는 단체나 인사들을 구속하고, 구타하고, 감금하고, 인권유린을 무섭게 하는데도 역시 대한민국은 민주공화국이라는 사실을 끊임없이 외치게 되었다.

국가의 주인은 국민이라고 외쳤다. 특정인인 그 누군가가 국가의 주인이 된다면 문제가 생기는 것이다. 어려운 시절에 미국에서 흑인신학이 나오고 남미에서는 해방 신학이 나오고 우리나라에서는 민

중신학이 나오게 되었다.

이 모두가 압제당하고 억압당하는 사람들을 구원하고 해방시키자는 운동이었다. 그래서 고난당하는 현장에 하나님의 정의를 이루기 위하여 함께 참여하도록 권장을 하였다.

그래서 그때부터 운동권 사람이라는 말이 나오기도 하였다.

하나님의 법의 핵심이고 황금률은 무엇인가? 존경을 받고 싶다면 먼저 상대방을 존경하라는 것이다. 그런데 사람을 무시하고 천대하고 약자를 멸시하고 억압하고 존귀한 인격을 짓누르는 행동은 잘못된 죄악인 것이다.

우리 마음속에 욕심이 가득 차고 인색하고 시기, 질투, 교만과 이기주의인 사람은 저질 인간이 될 것이고 우리의 마음속에 선한 마음, 좋은 생각을 가질 때 가치 있는 훌륭한 사람으로 살게 될 것이다.

성 프란체스코

이 세상에는 성공한 사람도 많고 출세한 사람도 많고 얼굴이 예쁜 사람도 많고 잘난 사람, 못난 사람들이 많다.

그러나 다른 사람을 감동시키면서 사는 사람들은 참으로 소수인 것이다. 누구든지 이 세상에 태어나서 높아지려고 하는 마음과 성공하려는 소원들을 가지고 사는 사람들은 너무나도 많지만 다른 사람들을 감동시킬 수 있는 존재가 된다면 참으로 위대한 사람이라고 아니할 수가 없을 것이다.

세상에는 정치가도 많고 말 잘하는 달변가도 많고 기업 하는 사람도 많지만 직원 한 사람의 마음을 감동시키지 못하는 사람들이 많은 것을 볼 수가 있다. 비록 가난하게 살아가면서도 다른 사람의 마음을 감동시키는 위대한 사람들도 있다

유명한 성 프란체스코의 이야기가 있는데 그는 귀족의 집에서 태어나 부자로 살아왔다. 어느 추운 겨울날 말을 타고 가는데 프란체

스코는 길가에 쭈그리고 앉아 있는 거지를 만나게 되자 무엇인가 좀 도와주어야지 하면서 말에서 내려 거지에게로 다가섰다. 그런데 가까이 가보니 문둥병환자였다. 그런데도 프렌체스코는 추위에 떨고 있는 그 문둥병환자 거지에게 가까이 가서 자기가 입은 외투를 벗어서 입혀주었다. 그런데 거지가 고맙다고 인사를 했으면 좋으련만 이렇게 입어도 추우니 자기를 한번 꼭 껴안아 달라고 부탁을 한다.

그래서 기왕에 말에서 내렸고 외투까지 벗어 주었는데 그것 한 번 못 안아 줄까 하면서 꼭 끌어안자 주었다. 그랬더니 이번에는 좀 더 세게 안아 달라고 한다. 그래서 좀 더 세게 꼭 껴안아 주자 그 문둥병자의 얼굴이 예수님의 얼굴로 변화되더니 훌쩍 사라지고 말았다.

이 일이 있은 후에 프란체스코는 귀족의 위치를 버리고 수도의 길을 가므로 마침내 성 프란체스코가 된 것이다. 드디어 프란체스코는 예수님과 많은 사람을 감동시키어 준 사람이었다.

또 하나 "마틴"이라는 로마군인 전설 같은 이야기가 있다. 마틴이란 로마군인이 말을 타고 가는데 길가에서 추위에 떨고 있는 거지를 만나게 되어서 옷을 주어야 하는 입장이 되었다.

우리가 아는 대로 그 당시 로마사람들의 옷은 천 그대로 필로 감은 것이었다. 마틴은 자기의 몸을 감은 옷을 반은 찢어 거지에게 주고 반은 자기가 입고 갔다. 그런데 그날 밤 꿈에 예수님께서 나타나셨는데 입은 옷을 보니까 자기가 찢어준 반쪽을 입고 있었다. 그래서 하도 어이가 없어서 가만히 보고만 있는데 옆에 있던 천사가 "예수님 어떻게 옷을 반쪽만 입고 계신가요?" 묻자 예수님께서 대답하시기를 "낮에 저 사람이 반쪽만 주었다"라고 하셨다는 것이다. 그래서 마틴이란 로마군인이 그 앞에서 회개했다는 전설 같은 이야기가 있다.

우리는 선한 일이든, 도와주고 구제하고 있는 일이든 어느 곳에서든 감동을 주는 사람들이 되기를 기대해 본다.

외상이면...

옛날 속담에 외상이면 소도 잡아먹는다는 말이 있는데 당장에는 돈이 안 들지만 후에 오는 큰 부담을 의식하지 않고 겁 없이 남의 물건을 취하려는 마음을 두고 하는 말인데 농경시대에는 소는 큰 재산이었다. 대부분 소는 경제 능력이 있는 부자들이 길렀고 또 농사가 많은 사람들의 집에서 소가 노동력을 대신해 주는 비중이 매우 컸던 것이다.

그런데 외상이면 소도 잡아먹는다는 말은 눈앞에 보이는 것만 바라보고 장래일은 생각지도 아니하고 일부터 저질러 놓고 보자는 어리석은 사람들의 삶을 지적한 말일 것이다.

지금은 많은 사람들이 신용카드를 사용하는데 생각도 없이 무조건 쓰자는 판이요. 놀자판으로 놀고먹는 일 계획도 없이 절제도 없이 무분별한 생활을 하다가 어려움을 당하고 곤욕스러운 처지에 놓이는 분들도 많이 있지 않은가! 견물생심(見物生心)이란 사자성어

처럼 눈으로 좋은 물건을 볼때에 사고 싶은 욕망이 생기고 자신을 다스리지 못하고 그래서 현찰이 없어도 우선 외상으로 물건을 구입하게 된다. 외상거래는 당장 물품을 구입하고 소유하는 데는 편리하지만 가격이 현찰보다 좀 높다고 보는 것이 현실인 것이다.

그리고 물품대금을 결제하려 한다면 부담이 생기고 그러자니 후회가 생길 수 있을 것이다. 내 생활 형편과 경제적 상환 능력을 생각해 보고 지혜롭게 지출하고 함부로 카드사용을 절제하면서 외상이면 소도 잡아먹는다는 우를 범하는 일은 없어야 하지 않을까 염려가 된다.

우리 조상들은 근검절약이 몸에 배어 살아왔다. 그래서 비록 가난하게 살았지만 빚은 없이 살았고 넉넉하지는 못했지만 이웃과 더불어 나누고 오순도순 정을 나누고 살았다고 생각을 해본다.

다산 정약용 선생은 말하기를 근면은 부를 생산하고 검소는 가난을 제거한다라고 했다.

대장부

대장부라는 말은 남자 즉 사나이를 의미하고 있다. 다시 말하면 사나이다운 사나이가 되라는 말이기도 하다. 사나이다운 사나이는 죽음을 두려워하지 아니하는 사나이인 것이다.

부모 된 사람은 자기 자녀가 이런 사람이 되었으면 좋겠다는 생각을 가질 때가 있다. 성품적인 면에서는 온유하고 겸손하고 진실하고 성실하게 살아 훌륭한 사람이 되기를 바라는 마음인 것이다.

다윗은 여호수아가 받은 말씀과 유사한 말을 솔로몬에게 한 이유는 어린 나이로 자기 뒤를 이어 이스라엘을 통치해야 하는 솔로몬에게 일찍이 모세의 지도력을 이어받은 여호수아에게 필요했던 용기가 솔로몬에게도 필요하다고 생각했기 때문인 것이다. 솔로몬의 즉위 시 나이가 14세 정도 된다고 하니 아직 어린 시기이기에 용기가 필요했던 것이다. 그래서 너는 힘써 대장부가 되라고 했다. 용기 있는 결단 꿋꿋한 기상과 기백 있는 태도로 일하라는 부탁이었다.

또 하나 법도를 지키는 사람이 되라고 했다. 법률과 계명과 율법을 지키라고 하였다. 백성들이 법을 지키면 형통하지만 법을 어기면 벌을 받게 된다. 법은 백성을 위해서 주어지는 것이다. 다윗은 하나님과 자신의 관계를 목자와 양으로 표현하였다. 여호와는 나의 목자시니 내게 부족함이 없으리로다. 하나님은 그를 잔잔한 물가와 푸른 초장으로 인도하시는 다정한 목자이시다. 다윗은 아들이자 왕위 계승자인 솔로몬에게 너는 법도를 지키는 사람이 돼라 그리할 때에 다정한 목자처럼 너를 보호하고 눈동자처럼 사랑하여 주시리라고 권면을 하였다.

하나님의 계명을 지키기를 기뻐했던 다윗은 그의 아들 솔로몬에게 물질적인 재산보다 더욱 귀한 신앙의 유산을 물려주면서 아버지로서 그의 마지막 책임을 다하였던 것이다. 또한, 정의를 구현하는 사람이 되라고 하였다. 정의가 구현되는 사회가 잘되고 정의를 구현하는 사람이 무엇을 하든지 어디로 가든지 형통하게 된다는 것이다.

왜냐하면, 정의 구원이 하나님의 뜻이기 때문인 것이다. 그래서 솔로몬이 정의를 구현하는 동안 나라가 견고하였다. 솔로몬에게 공의로운 정치를 하라고 부탁을 하였다. 공의로운 정치는 국리민복을 위해서 일하는 정치이며 정의로운 사회와 평화와 자유가 있는 사회를 이루게 되는 것이다. 지도자들이 대장 같은 사람이 되도록 힘쓰며 법도를 지키는 사람이 되며 정의를 위하여 사는 사람이 되고 훌륭한 지도자들이 되기를 소망해 본다.

분노

사람을 감정의 동물이라고 말한다. 사람은 감정을 가지고 있기 때문에 기쁘면 웃고 슬프면 울고 또 마음에 맞지 않으면 불평하는 등 갖가지 마음을 표현하면서 살아가고 있다. 건강한 사람은 표현이 아름답고 기쁠 때는 웃게 된다. 그런데 웃지 않는 사람은 감정에 상처를 입은 사람일 것이다. 남들이 웃을 때 혼자 웃지 않는 사람은 뭔가 문제가 있는 사람인 것이다. 남들이 웃고 울 때 같이 웃고 우는 사람은 건강한 사람이요. 자기 이기심에서 늘 불만하고 분노하면서 살아가는 사람은 비정상적인 사람인 것이다.

많은 사람들의 감정이 정상적이지 못하고 상처를 받아서 비정상적인 감정을 표출하고 내 욕구가 채워지지 않을 때 표출되는 울화, 불쾌등을 우리나라 말로는 화라고 표현하고 있다.

화(火)는 불이라는 뜻이다. 속에서 타는 불이 계속 잘못 나올 때 화난다고 한다.

우리 속에 나타나는 분노가 가져오는 불행은 나 자신의 건강에 해롭게 한다. 그래서 분노는 위궤양, 대장염, 중풍 등 다양한 질병을 일으킨다고 한다. 그리고 감정이 내속에 쌓이면 정상적인 생활이 어려워진다.

감정의 표출 때문에 불만스럽고 불평하고 세상을 아름답게 보지 못하고 인간관계도 정상적이지 못하다. 그래서 이런 사람은 남의 흠이나 결점만 보게 되는 것이다. 자기 속에 분노하고 있는 인간성 때문이다. 이런 감정은 결국 누가 조금만 옆에서 상처를 주면 폭발해서 제정신을 잃고 무서운 결과를 가져오게 된다.

그래서 가정을 파괴하고 직장을 소란시키고 사회를 온통 혼란스럽게 하는 비극을 가져온다. 우리는 이런 사람을 무조건 나쁜 사람이라고 싫어하지 말고 치유의 대상으로 보아야 할 것이다. 부부싸움은 칼로 물 베기란 말이 있는데 아마도 잘못된 말이다.

부부가 한번 싸우면 상처가 남게 되고 멍이 들게 된다. 그래서 우리는 분노하는 인간성을 성격이다 성질이다 합리화하지 말고 치유를 받아야 한다.

분노하는 마음을 버리고 화내는 것도 그치고 성내는 것도 중단하고 온유한 마음으로 이웃과 화목하고 살아야 할 것이다.

성 프란체스코가 길을 가는데 한 여인이 우물가에서 물동이에 물을 붓고 그 위에 나뭇가지를 얹고 물동이를 이고 간다.

성 프란체스코는 이 광경을 보고서

"저 여인이 물동이에 무엇을 얹었지?"

"예, 나뭇가지입니다."

"왜 얹었다고 생각하는가?"

"물이 출렁거릴 때 넘치지 않고 안전하게 가지고 가기 위해서입니다."

"그렇다 물이 넘치면 몸을 적시게 되면 갈 수가 없을 것이다. 우리 마음속에는 감정이 있는데 감정이 넘치면 다른 사람에게 상처를 주게 된다."

유순한 대접은 분노를 쉬게 하여도 과격한 말은 노를 격동하게 된다. 나는 마음이 온유하고 겸손하니 나의 멍에를 메고 내게 배우라 (마 11:29)

우상

우상이 무엇인가? 질문이 나온다. 또 우상숭배하는 것이 어떤 것
이냐? 는 문제인 것이다. 우상은 시대에 따라 그 개념이 달라질 수
도 있다. 구약 시대에는 사람들은 보이고 만져지고, 느껴지는 우상
을 좋아하였다. 그래서 사람들은 목각, 금, 은, 동, 철로 만든 우상을
많이 만들어 놓고 섬기었으며 가는 곳마다 우상들이 만연하였다.

구약시대에 우상이 가장 많았던 곳이 애굽나라이었다. 지금도 애
굽에 가보면 전통적으로 내려오는 우상들이 많이 있다.

그중에서도 대표적인 우상은 바알신인데 바알신은 남성신으로 가
나안에 농사의 신으로 섬겼다. 또 아세라상이 있는데 여신을 의미
하고 섬겼다. 남신 바알 곁에는 언제나 아세라상이 있었다.

그 당시 힌놈의 골짜기에서는 인신제사를 드리기도 하였다. 우리
의 자녀들이 이러한 천한짓을 한다고 생각해 보면 용납할 수 없는
문제이고 영적인 자존심 문제일 것이다.

신약시대에서는 허탄한 이론이 우상이었다. 구약시대에는 눈에 보이고 만져지고 느껴지는 우상이었다면 신약시대에는 허탄한 이론들이었다.

예를 들면 1. 영지주의인데 육신은 어떻게 하든지 상관이 없다고 해서 쾌락을 좇으며 마구잡이로 살고 거기서 무질서가 있고 문란한 삶이 있고 혼돈의 생활이 오고 성적문란이 오게 되었다. 사람들은 그것이 진리인 줄 알고 그 설을 따르고 쫓아가기도 하였다.

2. 율법주의는 이미 복의 시대가 주어졌고 새 시대가 되었는데도 여전히 전통을 고수하고 할례를 주장하는 풍조를 일으키었다. 옷은 복음으로 새 옷을 입었는데 속은 여전히 전통 속에 매어 율법주의가 복음의 생명력을 잃게 하였다.

3. 금욕주의는 성을 욕되게 여겼다. 성은 불결하다고 혼인하지 말라고까지 하였다. 도 먹는 음식을 상당히 제약도 하였다. 쾌락은 죄악으로 신앙심을 황폐시킨다고 하였다. 사람들은 금욕으로 고행하고 스스로 구원받는 줄로 착각을 하였다. 사람들은 그것이 참 신앙인줄 알고 따르게 되었다.

오늘날에는 어떤 우상들이 있는가? 현대인들의 우상 중 하나는 음란이다. 오늘날 사람들이 성을 숭상하고 살아간다. 가는 곳마다 성적인 것들이 만연되어있다.

옛날에는 덕을 인간이 지닐 수 있는 가장 아름다움으로 추앙하였다. 그런데 오늘날에는 그 개념이 정반대로 바뀌어졌다. 오늘은 인격은 염두에 두지 않고 오직 아름다운 외모뿐이다. 날씬하고 예쁘고 속보다는 겉모양이 먼저고 건강미보다는 우선 볼품이 먼저이고 그러기에 오늘날 사람들은 외모를 가꾸는데 생명을 내걸고 있다. 성형수술로 얼굴을 바꾸고 나니 부모님도 내 자식이 아니다 하고 한탄하며 울었다는 이야기도 있다.

사람이 우상에 빠지면 정신적으로 피폐해지게 되는 것이다. 그러면 사람이 나중에는 생각하는 인간의 모습은 없어지고 육체적인 껍데기만 남게 된다. 우상 섬기지 말라는 이유가 여기에 있다.

하나님께서는 무슨 일이 있어도 우상만은 섬기지 말라고 강조하였다.

속지말라

이 세상에는 남을 속이고 피해를 입히고 이득을 보는 옳지 못한 사람들이 있다. 또는 남에게 속고 사는 어리석은 사람들도 있다. 그래서 남에게 속고 남을 속이는 시대처럼 되고 있는 것이다.

남이 나를 속이는 것도 억울하고 분하지만 내가 내 자신에게 속임을 당하는 것은 매우 불행한 일이다. 남에게 속임을 당하는 것보다 내가 스스로 속는 것은 부끄러운 일이요. 슬픈 일인 것이다.

아무리 포장을 잘하고 위장을 할지라도 거짓은 언젠가 탄로가 나기 마련이다. 그 당시는 속임으로 유익을 보고 기쁠지 모르나 반드시 진실은 밝혀지고 승리하게 되는 것이다.

우리가 인생을 모범적으로 살아가려면 남을 속이지도 말고 또 남에게 속지도 말고 진실하고 정직을 바탕으로 하고 살아가야 할 것이다.

성경에서 속이다가 망한 사람들이 있다.

1. 아간이란 사람인데 하나님을 속이다가 망한 사람이다. 하나님을 속이는 사람은 가장 어리석고 미련한 사람이다.

2. 아나니와 삽비라는 부부간인데 성령을 속이고 거짓말한 결과로 망한 사람들이 되었다.

3. 가룟유다는 예수님의 제자인데 예수님을 은 30냥에 팔기로 결심하고 기회를 찾고 있는데 예수님께서 너희 중에 나를 팔자가 있다고 예고하시며 회개의 기회를 주었지만 마음이 강퍅해서 끝까지 속이다가 지구 역사상 가장 큰 저주를 받고 망한 장본인이 되었다.

우리가 어떻게 하면 스스로 속는 자리에서 벗어나고 승리할 수 있는가? 악을 버리고 선에서야 할 것이고 불의를 버리고 의롭게 살아야 할 것이고 미움을 버리고 사랑으로 섬기는 자세를 확립해야 할 것이다.

우리가 세상에 살면서 가장 큰 욕망은 행복하게 사는 것이다. 인간이 가장 큰 근본적인 욕망은 모두 다 행복하게 사는 것이다. 그런데 많은 사람들이 그토록 원하는 행복을 누리지 못할 이유가 무엇일까?

아마도 행복의 원리를 잘 모르기 때문이 아닌가. 행복하게 사는 것은 한마디로 경천애인(敬天愛人) 하나님을 공경하고 사람을 사랑하며 사는 사람들은 행복하게 살 수 있을 것이다.

성경은 행복한 삶을 구체적인 내용을 잠언서에 상세히 기록하고 있다. 소개된 내용은 가산이 적어도 여호와를 경외하는 것이 크게 부하고 번뇌하는 것보다 나은지라 채소를 먹으며 사는 것이 살진

소를 먹으며 서로 미워하는 것보다 나으니라

가난하게 살지라도 서로 사랑하고 사는 것이 행복하다는 것이고 부자로 살면서도 서로 다투고 사는 것보다 채소를 먹고사는 것이 더욱 행복하다고 말하고 있다.

가정의 중심을 사업이나 물질 그 어떤 것도 중심이 되어서는 안 되다는 것이다. 만약에 가정에 중심을 어느 사람에게 둔다면 그 사람이 죽을 때 가정도 무너진다. 만약에 가정의 중심을 사업에 둔다면 사업이 망하면 사업과 함께 가정도 파산이 된다.

가정의 중심이 직장이 된다면 직장에서 물러날 때 가정도 파괴된다. 그러므로 어제나 오늘이나 영원토록 살아계신 하나님을 중심으로 사는 가정과 개인은 든든하고 굳건히 서 있을 것이다.

찬송의 위력

썬더스라는 사람은 70세에 백만장자가 된 사람이다. 그가 사업에 실패에 실패를 거듭하고서 고민하다가 결국 병들어서 병원에 입원하게 되었는데 늘 자살할 마음으로 번민 속에 살아가는데 어디선가 찬송소리가 들려오게 된다.

밤에도 찬송소리가 들려온다.

382장 "너 근심 걱정 말아라 주 너를 지키리 아무 때나 어디서나 주 너를 지키리" 그런데 이 찬송을 들을 때마다 썬더스의 눈에는 눈물이 흐르게 되었다. 며칠 후 찬송을 부르는 소리를 따라가면서 찬송을 부르는 주인공을 찾아 만나게 되었는데 그는 다리를 절고 있는 참으로 초라한 노인이었다.

그 노인은 비록 늙고 장애인이었지만 예수를 믿고 구원받았으니 오늘 내가 죽어도 천국에 가게 되어서 그 은혜에 감사해서 찬송을 부르며 병원청소를 한다고 말을 하였다.

썬더스는 이 말을 듣고 큰 충격을 받게 되었다. 그리고 그는 하나님 앞에 통회 자복하며 회개를 했다는 이야기인 것이다. 그리고 그 후에 병이 완전히 나아 쾌유를 얻고 그가 맨 처음 하나님이 주신 영감을 얻어서 통닭구이를 처음으로 시작했는데 마침내 백만장자가 되었다는 것이다.

찬송의 힘과 위력은 이처럼은 놀라운 것이다. 예배와 찬송과 기도는 하나님께 올려드리는 것이다. 다른 어느 누구도 경배와 기도와 찬송을 받을 수가 없다는 것이다. 하나님께 올리는 찬송은 새 노래인 것이다. 새 노래란 신령한 노래라는 뜻이다. 말하면 새 노래는 새 마음과 새로운 자세와 태도로 불러야 한다는 말이다. 새 노래는 새 사람이 부르는 노래인 것이다. 새사람이란 옛 구습을 벗어버리고 거듭난 사람을 말한다.

결혼해서 시집을 온 새신부를 새 아기라고 부른다. 그 이유는 새로운 환경을 말하는 것이다. 모르는 분을 아버지 어머니라고 부르고 모르는 남자와 한 밥상에서 밥을 먹고 한방에서 잠을 자고 환경과 관계가 완전히 새로워진 것이다.

찬송은 힘과 위력이 큰 것이다. 빌립보 감옥에서 바울과 실라가 불렀던 찬송 289장 주예수 내 맘에 들어와 계신 수 변하여 새사람 되고 내가 늘 바라던 참 빛을 찾음도 주예수 내 맘에 오심 주 예수 내 맘에 오심 물밀 듯 내 맘에 기쁨이 넘침은 주 예수 내 맘에 오심!

찬송을 부를 때 빌립보 옥터가 움직였고 마침내 옥문이 열렸다. 상상할 수 없는 기적을 체험하게 된 것이다.

기독교는 찬송의 종교요. 말씀의 종교요. 기도의 종교요. 나 자신이 친히 체험하는 산 종교인 것이다.

찬송을 부를 때는 즐거운 마음으로 불러서 얼굴과 몸에 기쁨이 넘쳐야 할 것이다.

성경의 위력

성경말씀은 글자수를 다해야 70만 자 정도이다. 불교 대장경에 비하면 성경은 작은 책이다.

그러나 이 작은 책이 전 세계를 몇 번이나 개조한 역사를 가지고 있다. 또 앞으로도 많은 사람들과 역사를 변화시켜 나갈 것이다. 그 중에 로마서 장수는 16장이요. 433절인데 영국의 시인이요 문학평론가인 콜렛이란 사람은 로마서를 세계의 최대의 책이라고 찬사를 보냈다.

인간이 붓으로 기록한 책 중에 이만큼 놀라운 역사를 이룬 책은 없다고 하였다. 사람의 힘으로는 겉모양은 바꿔 놀 수가 있을 것이지만 그러나 마음을 변화시킬 힘은 오직 성경말씀뿐일 것이다.

어떻게 인간이 새로워질 수가 있을까? (고후 5:17 누구든지 그리스도 안에 있으면 새로운 피조물이라 이전 것은 지나갔으니 보라 새 것이 되었도다)

우리가 이 세상을 사는 동안 매사에 그 가치관과 비중이 바로 정립되고 확립되어 있는 사람은 성경말씀 속에서 무엇이 우리에게 가장 귀한 것인가 하는 것을 발견하게 되고 깨닫게 되는 것이다.

하나님은 우리에게 주신 가장 큰 보화는 성경말씀인 것이다. 그런데 니체 같은 무신론자는 오히려 성경을 반항하고 거역하고 대적하고 비판의 요소로 삼았다.

성경말씀을 받아들이는 수용의 자세가 가장 중요하다.

성경말씀의 위력은(히브리서 4:12절)에서 "하나님의 말씀은 살아 있고 활력이 있어 좌우에 날 선 어떤 검보다 예리하여 혼과 영과 관절과 골수를 찔러 쪼개기까지 하며 또 마음의 생각과 뜻을 판단하신다"라고 하였다.

성경말씀은 믿고 순종하지 않으면 내게 아무 유익이 없다고 하였다. 성경말씀은 잠시 있다가 없어지는 것이 아니라 항상 살아있는 말씀이라고 하였다.

링컨 대통령은 하나님께서 이 세상에 주신 가장 큰 성물은 성경이요. 가장 소중한 책은 성경이라고 생각한다고 말한 바 있다.

성경말씀이 인간의 마음속에 들어오면 병든 영혼과 병든 마음과 병든 육체와 병든 생활이 치료받고 건강함을 얻게 되는 것이다.

우리의 얼굴은 거울을 보지 않으면 내 얼굴의 모습을 잘 모른다. 그러나 거울을 보면 자신을 살펴보게 되고 잘못된 부분을 수정하며 단장을 하게 될 것이다. 마찬가지로 성경말씀을 항상 읽고 보고 접하는 사람들은 자신의 잘못된 점을 발견하게 되고 회개하며 자신의 삶을 잘 다듬어서 도덕적으로 바르게 윤리적으로 흠이 없이 지성인답게 달아가게 될 것이다.

하루는 인도의 왕자 한 사람이 빅토리아 여왕을 찾아와서 이렇게 물었다. 정치를 이렇게 잘할 수 있느냐고 물었다. 여왕께서 정치를 잘할 수 있는 비결은 무엇입니까? 물을 때 여왕은 성경책을 펴 들고 힘차게 바로 이성경 책이라고 대답을 하였다.

성경을 통해서 많은 사람들이 옳고 그름을 분별하고 일에 도전하고 정의로운 나라를 건설하는 일에 큰 도움이 된다는 것이다.

아멘

기독교인들이 많이 사용하는 용어를 보면 사랑, 은혜, 은사, 은총, 믿음, 속죄, 소망등 여러 가지 단어가 있다. 그중에서도 가장 많이 쓰이는 히브리어 단어로 된 "아멘"이란 단어일 것이다.

기도할 때도 설교를 듣다가 감동이 될 때 찬송을 부를 때 아멘을 하게 된다.

복잡하고 많은 나라의 언어 소통 속에서 전 세계 인류들이 한 가지로 사용하는 말이 있는데 그 말이 바로 "아멘"이란 단어인 것이다. "아멘"이란 단어는 구약과 신약에서 수백 번이나 기록되어 있다.

육의 세계와 영의 세계에서도 가장 귀하게 사용되는 천국의 방언이요. 하늘나라 언어인 것이다. "아멘"이란 단어는 히브리어에서 나온 말로 그 뜻은 1. 진실하다. 2. 그렇게 이루어진다. 3. 확실하다. 분명하다. 4. 뜻이 있고 부사로 쓰일 때는 '진실로, 참말로'라는 뜻으로 쓰이고 있다.

"아멘"이란 진실이란 뜻을 가지고 있다. 이 지구상에는 많은 종교가 있는데 많은 종교인들이 현세를 부정하고 아니요.라고 한다. 네팔이라는 나라는 지상에 유일한 힌두교 왕국으로 알고 있다.

그 나라는 문화가 아주 뒤떨어진 나라인 것이다. 힌두교도 들은 모든 것을 부정하고 있다. 그들이 많이 쓰는 말 중에 "아홉 방랑"이란 말을 쓰는데 이 말의 뜻은 "이것도 아니고 저것도 아니고"라고 한다. 이런 종교는 심지가 없는 촛불과 같아서 아무 쓸모가 없을 것이다. 우리는 종교를 선택할 때 바른 종교를 선택해야 개인도 사회도 나라도 바로 설 수가 있을 것이다.

"아멘"이란 하나님과 약속에 대한 응답의 표현인 것이다. 예레미야 선지자는 하나님의 말씀을 들을 때 "아멘"으로 화답하고 약속하신 바를 이루었다고 하였다.

"아멘"은 감사의 표현인 것이다. 부정적인 사람들은 절망과 좌절과 실패의 삶을 살 수밖에 없을 것이다.

인간의 운명은 고정체이므로 변화될 수가 없다고 말하는 사람들도 있다. 가난한 것도 실패한 것도 모두 운명이요. 자기의 팔자라는 사상에 빠져있는 사람도 있다. 기독교는 인간이 변화될 수 있다고 주장을 하고 있다. "누구든지 그리스도 안에 있으면 새로운 피조물이라 이전 것은 지나갔으니 보라 새것이 되었도다" 거듭나는 삶을 살면 실패가 성공으로 바뀌는 것이고 죽임이 생명으로 바뀌는 것이고 패배가 승리가 있게 된다는 것이다.

영국의 유명한 대설교가인 스펄전은 "아멘"이란 예수님의 모든 말씀에 대한 긍정적인 말씀이라고 하였다.

비밀

비밀이 무엇인가? 다른 사람이 알지 못하는 것이고 나만이 알고 있는 정보이며, 지식이고 특별한 경험이라고 말할 수 있다.

그러나 시간이 흐르고 정보가 새나가면 비밀이 드러나게 되고 누군가에게 비밀을 털어놓으면 그 시간부터 비밀이 아닌 것이 되어 버린다.

대부분 비밀을 이야기하는 상대는 가까운 사람이나 친구나 가족이요. 믿을 수 있는 사람들일 것이다. 그런데 이 비밀을 적에게 말해 준다면 이적행위라고 말한다. 또는 간첩행위라고도 말한다. 친한 사람에게 비밀을 말할 때는 반드시 다짐하는 말이 있다. 그것은 이 말을 절대로 비밀이다.

절대로 다른 사람에게 말하면 안 된다고 다짐을 받는다. 그런데 그 사람이 다른 사람에게 비밀을 옮기면서 하는 말도 이 말은 절대로 비밀이야 말하면 안 된다면서 옮기게 된다. 그래서 비밀은 돌고 돌아서 결국에는 널리 퍼지게 되는 것이다. 중요한 것은 어떤 사람에게 어떤 내용의 비밀이 공개되느냐 하는 것일 것이다.

렘 33:3절을 보면 하나님께서 예레미야 선지자에게 비밀을 공개하는 내용이 기록되어 있다. 하나님의 뜻과 계획인 비밀을 알려주겠다고 하였다. 유명한 의사가 환자를 치료하는 것처럼 하나님께서 망가지고 불타버린 예루살렘을 고치시고 거기 사는 백성을 회복시켜 주시겠다고 비밀을 말씀하셨다.

이스라엘 백성들이 물 없는 광야 삼일길을 가다가 마라라는 곳에 도착했는데 거기에서 오아시스를 발견하게 되었다. 그런데 그 물이 썩어 마시지 못하게 되었고 백성들은 원망과 불평을 하게 된다. 그러나 모세는 기도하였고 하나님께서는 모세의 기도를 들으시고 한 나뭇가지를 지시해 주시고 그 나뭇가지를 꺾어 물에 던지매 물이 달아진 것이다. 썩고 쓴 물도 고치시는 무소블능하심을 보여주시는 비밀이었다.

그 당시에 여리고 지방은 경치 좋기로 소문이 난 곳이었다. 그런데 땅에 씨를 뿌리거나 과일나무를 심어도 결실을 못하였다. 이유는 수질이 나빠져서 곡식이 익지를 못하였다. 그래서 엘리사가 소금을 물 근원에 뿌리고 기도를 할 때 하나님께서 고쳐 주셨고 그 이후에는 곡식이 잘 익게 되었다.

하나님은 토질도 고치시고 바꾸시는 비밀을 알게 하셨다. 인도네시아는 세계에서 여섯 번째로 큰 나라인데 한결같이 못 살고 가난하고 빈민들이 많지만 불교사원은 어느 곳보다 많은 나라이다. 인도

나라의 땅은 석회질이 많아서 곡식이 안된다. 그래서 가난하다.

출 15:26절을 보면 나는 너를 치료하는 여호와이니라 치료하시는 하나님이라고 공개하고 있다.

하나님은 자연을 고치시고 파괴되는 가정도 치료하시고 사랑으로 회복하신다. 신앙은 철학적인 이론도 아니고 믿음은 신학적인 논리만도 아니고 신앙은 주께서 주시는 힘이요. 능력이고 기적인 것이다.

내게 범한 모든 죄악에서 사할 것이라고 하였다. 사람들은 죄를 짓지 않을 능력도 없고 지은 죄도 없앨 수도 해결할 힘도 없다. 죄 값은 사망이다. 누구도 죄를 지으면 심판받고 멸망에 빠지게 된다. 죄의 문제는 반드시 해결되어야 한다. 구약시대에도 죄 사함을 받는 방법은 흠이 없는 짐승을 잡아 그 피로 제사를 드림으로 속죄를 받게 되었다.

그러나 예수님은 자신의 피로 속죄의 제사를 드리고 완성하시고 내 죄를 사해주셨다.

예수님은 십자가에서 피 흘려 죽으시고 그 피로 내 죄악이 사함을 받게 되었다. 사 1:18절 너희 죄가 주홍 같을지라도 눈같이 희어질 것이요. 진홍같이 붉을지라도 양털같이 되리라

황폐하고 황무한 땅 예루살렘이 회복되리라 성읍에는 노랫소리가 울리고 사람들의 얼굴마다 웃음꽃이 피어나게 되고 잃었던 기쁨과 사라진 웃음을 되찾게 되었다는 것이다.

중요한 것은 잃어버렸던 기쁨과 즐거움과 웃음과 노래를 다시 찾아 주신다는 것이다.

말하면 회복을 하나님께서 해주신다는 것이다. 예레미야 선지자를 통해서 비밀이 공개된 것이다.

빛과 어두움

창조주께서 제일 먼저 창조하신 것이 빛이었고 그 빛을 낮이라 칭하시고 어둠을 밤이라 칭하셨다. 해가 뜨는 낮도 만드셨고 해 가지는 밤도 만드셨다. 우리가 사는 이 세상은 밝은 것과 어두운 것, 죽는 것과 사는 것 성공과 실패, 잘 때와 깰 때, 들어가는 것과 나가는 것이 어우러져 있다.

구조적인 면에서 보면 입구가 있고 출구가 있다. 입으로 들어가고 다른 곳으로 배설이 된다. 모든 짐승들과 곤충까지 입구가 있고 출구가 있다. 만일에 낮에만 계속된다면 리듬이 깨지고 균형이 무너지고 말 것이다. 민비가 첫 아이를 낳았는데 입구만 있고 출구가 없는 아이를 낳았다고 한다. 그 당시 조선에 와 있는 서양 의사들은 수술로 출구를 고칠 수가 있는데 대비와 대원군의 반대로 손을 못 대고 결국 아이가 죽게 되었다. 둘째 아이를 낳는데 아이를 품에 안은 시녀가 출구를 만져 본 후에 너무 기뻐서 외치기를 "마마 계십니다.

계십니다."라고 출구가 있다고 하였다.

출구와 입구 낮과 밤을 창조의 질서이며 섭리인 것이다. 날 때와 죽을 때가 있고 심을 때와 뽑을 때가 있고 세울 때와 세운 것을 헐 때가 있고 취할 때가 있고 버릴 때가 있다. 바로 이것이 삶의 지혜이며 세상 돌아가는 이치인 것이다.

입을 통해서 들어가는 것은 음식물이다. 짠 것, 매운 것, 싱거운 것, 딱딱한 것, 부드러운 것, 식물성, 동식물 가릴 것 없이 입을 통해서 위속으로 들어간다. 음식물을 받는 위는 3-4시간의 소화작용을 통해서 필요한 것은 각 기관으로 보내고 필요 없는 찌꺼기들은 배설물로 내보낸다.

입에서 나오는 것들이 문제인데 입에서 나오는 것들은 마음에서 나오는 것으로 악한 생각과 살인과 간음과 음란과 도적질과 거짓 증거와 훼방이라고 하였다. 우리가 상식적으로 보아도 밖에서 안으로 들어가는 것보다 안에서 밖으로 나오는 것들이 더럽고 냄새나는 것이 된다.

창조주께서 사람들에게만 주신 선물(膳物)이 바로 말이라고 생각한다. 말로 자신의 의사를 표현하고 감정을 전달하고 말로 찬양하고 기쁨과 슬픔도 말로 전달하게 된다.

말 한마디란 글귀가 있다. 부주의한 말 한마디는 싸움의 불씨가 되고 잔인한 말 한마디는 삶을 파괴하고 쓰디쓴 말 한마디 증오의 씨를 뿌리고 무례한 말 한마디 사랑의 불을 끄고 은혜로운 말 한마디 길을 평안하게 하고 즐거운 말 한마디 하루를 빛나게 하고 때에 맞는 말 한마디 긴장을 풀어주고 사랑하는 말 한마디 축복을 받게 한다. 이 글귀는 말 한마디가 주는 덕과 해악을 적절하게 표현한 것 이라고 생각을 한다.

일반적효(孝)와 기독교 효

　사람들에게 무엇보다도 필요한 교육은 인성교육(人性教育)이 가장 소중한 것이다. 인성이란 사람의 성품을 말한다. 좋은 성품이 있고 나쁜 성품이 있고 급한 성품이 있고 느긋한 성품이 있고, 따뜻한 성품과 차가운 성품, 냉정한 성품과 열정적인 성품이 있다.

　교육(教育)이란 성숙하지 못한 사람의 심신(心身)(마음과 몸)을 발육시키는 일을 위해서 일정한 기간 동안 계획을 세우고 조직적으로 가르치고 지도하는 일을 한다.

　인성교육에서 가장 중요한 핵심 부분은 효에서부터 시작해야 된다. 그래서 교육의 장소는 가정이 되어야 한다. 가정에서 군사부일체(君師父一體) 교육을 시켜야 할 것이다. 그런데 지금은 인성교육보다 학교 교육에 관심과 힘을 쓰고 있지 않은가. 가정에서 윗사람을 섬기고 공경하고 아랫사람을 사랑하며 세대간에 소통이 잘되도록 가르쳐야 한다. 옛날 교육은 아버지가 책임을 지었다.

그러나 지금은 어머니가 교육을 책임지고 있지 않은가. 가정에서 인사하는 법, 정직하게 사는 법, 약속을 잘 지키며 용서하고 이해하는 법을 가르쳐 주어야 할 것이다. 요즈음 청소년들은 선배들에게 인사를 하여도 어른들에게는 인사를 하지 않는다. 인사는 예절교육에 가장 필요한 대목이 된다.

인사는 내가 아닌 다른 사람이 있다는 것을 가르쳐 주는 교훈인 것이다.

예절이 무엇인가? 상대방의 인격을 존중히 여기는 마음이요. 윗사람을 공경하고 아랫사람을 사랑하는 마음이요. 역지사지(易地思之) 상대방의 입장에서 생각할 줄 알고 상부상조(相扶相助)하며 어렵고 힘든 일을 서로 도울줄 아는 사람으로 가르쳐주어야 한다.

예절과 범절이란 형식을 벗어날 때에 예의가 없는 사람이 되는 것이다.

사람과 사람이 정초(定礎)하고 교류하는데 반드시 지켜야 할 도리가 있다. 그것을 동양에서는 예절이라고 하고 서양에서는 에티켓 또는 매너라고 한다. 사실은 어른께 인사만 잘해도 기본이 되고 효행(孝行)도 되는 것이다.

인사만 잘해도 칭찬을 받게 되고 인사가 꽃을 피운다.

효도는 한국의 고유정신이요. 문화(文化)요. 효정신은 5000년의 역사를 가지고 있다.

기독교적 효도 사상은 "네가 잘되고 땅에서 장수하리라" 십계명 중에 제일 먼저 인간관계에서 지켜야 할 계명중에서 첫 번째 효를 가장 중요하게 여기는 대목인 것이다.

이스라엘 지도자 모세는 공자보다 약 1000년 전 사람이다. 모세가 말한 인간에 대한 계명중에 첫 번째로는 "네 부모를 공경하라 그러면 네가 잘되고 땅에서 장수하리라"라고 율법으로 제정해서 선언을 하였다. 성경에서 효행이 강조되는 부분은 구약에 레위기와 신명기요.

신약에서 에베소서이다. 출애굽기에서도 "네 부모를 공경하라" 그리하면 여호와가 네게 준 땅에서 복을 받고 장수하리라. 에베소서에서도 "네 부모를 공경하라 이것이 약속 있는 첫 계명이니 네가 잘되고 장수하리라" 선언하였다.

거울

남자의 양복 주머니 속에는 수첩, 지갑, 손수건 3가지가 들어있다. 여자의 핸드백 속에는 평균 10가지 이상의 소품이 들어있다. 그중에 빠지면 안 되는 것이 거울일 것이다.

거울은 핸드백 속에만 있는 것이 아니라 집에도 있고 화장실에도 있고 회사에도 있고 자동차 안에도 거울이 있다. 거울은 얼굴이나 몸매를 살피라고 있는 것이다. 지금은 유리로 만들기 때문에 투명하고 사물이 잘 보이지만 고대의 거울은 구리를 닦아서 만들었기 때문에 희미하여 선명하지 않았다.

바울은 우리가 이제는 거울로 보는 것같이 희미하나 후에는 얼굴과 얼굴을 보는 것 같이 확실하리라고 했다.

성경은 우리에게 꼭 해야 할 일과 해서는 안될 일이 무엇인가 본받아야 할 일과 본받아서는 안될 일이 무엇인가를 보여주고 있다.

성경의 교훈은 크게 "하라와 하지 말라"로 구분되어 있다. 십계명의 경우도 하지 말라는 계명과 하라는 계명으로 구분되어 있다.

그런데 이스라엘은 하라는 것은 안 하고 하지 말라는 것은 기어이 어기고 하였다. 그러다가 저들은 매를 맞고 징계를 받았다. 그래서 이스라엘 백성들이 광야 40년을 지나는 동안 저질렀던 잘못을 반성하면서 거울을 삼으라고 교훈을 하였다.

우리가 거울을 보고 얼굴을 살피고 맵시를 고치는 것처럼 이스라엘이 지난 잘못을 보면서 고칠 것은 고치고 바로 잡을 것은 바로 잡으라는 것이다.

돈을 탐하고 부정을 저지르다가 무너진 사람들이 얼마나 많은가 그런데 지금은 줄줄이 뒤를 이어 부정을 저지르고 악을 행하는 사람들이 많아지고 있다. 이유는 역사의 거울을 제대로 보지 못했기 때문인 것이다. 허랑방탕한 생활로 패가 망신한 사람들도 역시 거울을 바로 보지 못했기 때문인 것이다.

거울은 장식품이 아니고 심심풀이로 가지고 다니는 것도 아니요. 거울은 수시로 들여다보고 자신을 고치라고 있는 것이다. 우리는 거울을 바라보면서 우리의 잘못된 모습을 점검하고 고쳐야 한다는 것이다.

열쇠

  인간이 열쇠를 만들어 사용하기를 시작한 것은 주전 2천 년경이었다고 한다.

  이집트 사원 벽화에 칫솔모양 열쇠가 그려져 있었다고 한다. 동양의 경우는 중국에서는 주나라와 한나라 문헌에 이미 열쇠가 그려져 있었다고 한다. 동양의 경우는 중국에서는 주나라와 한나라 문헌에 이미 열쇠가 사용되었다고 한다. 우리나라의 경우는 삼국시대 이전에 열쇠를 사용한 것으로 밝혀져있다.

  현재는 열쇠의 기능이 최첨단화되고 있다. 지문식으로 음성인식으로 얼굴인식등으로 문이 열리고 잠기는 기술이 발달되어 있다.

  그러나 제아무리 최첨단 과학기술을 동원해서 열쇠를 만든다 해도 그 열쇠는 열 수 있는 문이 있고 열 수 없는 문이 있다는 것이다.

  다윗의 열쇠를 가지신 이라고 하였고 열면 닫을 사람이 없고 닫으면 열 사랑이 없다고 하였다. 열쇠란 열기도 하고 잠그기도 하는 도

구인 것이다. 주께서 열쇠를 가지셨다고 한 것은 잠그실 수도 있고 열 수도 있는 능력을 가지셨다는 것이다.

말하면 우리를 흥하게도 할 수 있고 망하게도 할 수 있다는 것이다. 바로 이점이 우리가 사용하는 열쇠와 다르다는 것이고 우리들에게는 흥망성쇠를 조정하고 통제할 능력이 전혀 없다.

주께서 말씀하시기를 내 이름으로 무엇이든지 내게 구하면 내가 시행하리라.

주께서 가지신 열쇠는 만능의 열쇠라는 것을 분명하게 말해주고 있다. 벳세다 광야에 예수님의 말씀을 듣기 위해서 남자 장정만 5천 명 이상 많은 사람들이 몰려왔다. 저녁 식사 시간이 되어가자 제자들이 걱정을 하고 있는데 주께서 이렇게 질문을 하셨다.

"너희 중에 먹을 것이 얼마나 있느냐?" 할 때에 한 소년이 보리떡 5개와 생선 2마리를 내놓았다. 주께서는 축복기도를 하시고 오병이어 기적을 일으키시며 5천 명을 먹이시는 놀라운 기적을 베풀어 주셨다.

이 기적은 경제문제를 푸는 열쇠도 주님께 있다는 사실을 제시해 주는 대목이기도 하다.

제자들이 갈릴리 바다에서 풍랑을 만난 이야기가 기록되어 있다.

물결로 인하여 고난을 당하고 무서워서 소리를 지르고 있을 때 그 바다와 배에 주께서 오심으로 바다와 풍랑이 잠잠해졌다는 기적의 역사인데 풍랑은 바다에만 있는 것도 아니고 내 마음속에도 있고 가정에도 있고 정치에도 풍랑이 있고 교육에도 풍랑이 있는데 누가 해결할 수가 있는가? 무소불능의 열쇠를 가지신 분께서만 해결할 수 있다는 것이다. 모든 병마를 고치시고 벙어리를 말하게 하고 앉은뱅이를 일으키고 죽었던 나사로를 살리신 몇 가지 사례를 통해서 무소불능의 열쇠를 가지신 해결자이심을 확인하게 된다. 다윗의 열쇠란 다윗 왕조의 열쇠요. 교회의 열쇠요. 주께서 열면 열리고 닫으면 닫히고 주께서 일으키면 일어나게 된다. 불신과 불행도 절망도 질병도 고통도 물러가는 다윗의 열쇠로 열어달라고 기도하는 분들이 되시면 좋겠다.

망각의 은혜

망각의 은혜가 있다. 살다 보면 가슴 아픈 일들이 한두 가지가 아니다. 그런데 시간이 지나면 잊혀지게 하는 은혜가 잇다. 잊어버리니까 살아가는 것이다.　잊어지지 않으면 어떻게 살아갈 수가 있을까. 그래서 무슨 일이든 시간이 해결해 준다고 말을 하게 된다.

그런데 세상에는 그렇게 쉽게 잊을 수 없는 일도 있다. 6.25 남침과 8.15 광복절날인데 우리나라 역사상 이 두날은 우리 민족에게 지울 수 없는 가장 뼈 아픈 기억을 남겨놓는 날이라고 말할 수 있다.

이날은 우리 민족의 온갖 수모와 고통과 고초를 당하면서 살다가 해방과 자유를 맞은 역사적인 날인지라 잊을 수 없다.

이런 중요한 날의 정신을 쉽게 망각해 버린다면 생각 없는 백성이 되고 말 것이다. 이스라엘 민족은 430년간이나 애굽에서 종살이하는 고통을 당하면서 살게 되었다.

그래서 지구상에서 가장 모진 고난의 역사를 지닌 나라가 이스라엘이라고들 말하고 있다. 430년간이다. 그 세월이 얼마인가. 그래서 이스라엘 민족이 그렇게 강한 민족이 되었는지도 모른다. 이스라엘 민족은 소수의 민족이고 우리나라 강원도 크기만 한 아주 작은 나라인데 국제무대에서 강한 발언권을 가지고 있으며 절대로 무시를 당하지 않고 살아가고 있다. 이스라엘 율법책에는 신세대들에게 옛날을 기억하라 네 아비에게 물으라 그가 네게 설명할 것이요 어른들에게 물으라 그들이 네게 이르리로다.

신세대들은 가르쳐주지 않으면 모른다. 지난날을 자기 부모들이 어떻게 살아왔는지 알 수가 없을 것이다. 성경은 백성들에게 이렇게 당부하고 있다. 너희 남자들은 매년 이날에 예루살렘에 모여 이날을 기억하라 이날을 지키되 반드시 무교병과 쓴 나물을 먹으며 기억하라고 당부하고 있다.

무교병은 발효되지 않은 딱딱하고 맛이 없는 빵을 말한다. 그리고 쓴 나물은 애굽에서 430년간 살면서 쓰디쓴 고난과 아픔을 기억하며 지난날을 결코 잊지 말라는 것이다.

이스라엘 백성들은 그렇게 살다가 출애굽하고 홍해를 건너 해방을 얻었다. 이스라엘은 기적같이 출애굽을 했고 꿈같이 홍해를 건넜다.

꿈에도 그리던 자유를 얻었고 젖과 꿀이 흐르는 가나안 땅으로 들어갈 수가 있었다. 생각해 보면 8.15 광복절이요. 해방의 날이요. 독립된 날로 전하고 있다. 이스라엘이 출애굽의 날이 그렇게 올 줄을 누가 생각을 했을까. 역시 우리나라도 해방의 날이 그렇게 올 줄 꿈에도 모르고 있었다. 그래서 함석헌 선생을 뜻으로 본 한국역사에서 주님께서 오실 때도 도적같이 오신다고 했는데 해방의 날도 도적같이 왔다. 그러니 해방은 하늘이 주신 것이라고 하였다. 8.15 해방은 주께서 우리 민족의 역사에 깊이 개입하신 의미 있는 날이라고 하였다.

행복의 조건

행복한 삶이 무엇인가? 또는 어떻게 하면 행복해질 수가 있을까?
행복에 대한 개념과 행복해지려고 하는 방법에서 사람마다 견해
가 모두 다른 것이다. 그러나 여러 가지 방법론에서 하나만 행복의
개념을 말한다면 행복이라는 것은 결국 정신적인 만족을 구하는 것
이라고 말할 수가 있을 것이다.

행복이란 객관적인 것이 아니고 다만 주관적인 것이라는 말을 하
고 싶다.

객관적으로 볼 때는 행복할 만한 아무 조건이 없는데도 행복을 느
끼고 사는 사람들도 있다는 것이다. 반대로 행복한 조건을 갖추어
놓고도 스스로 행복을 느끼지 못하는 사람은 결코 행복한 사람이
될 수가 없을 것이다. 객관적으로 행복할 만한 조건을 갖추지 못했
어도 마음속으로 스스로 행복감을 느낀다면 그 사람은 바로 행복
한 사람이라고 존경할 수가 있을 것이다.

그러므로 행복은 결국에 객관적인 문제가 아니고 주관적인 문제란 것이다. 다시 말하면 객관적인 조건이 중요한 것이 아니고 주관적인 의식(생각)이 더 중요하다는 것이고 행복은 마음가짐에 달려있다는 것이다.

그런데 행복할 만한 조건이 없는데도 행복감을 가질 수가 있을까? 이것이 사실은 문제가 된다. 여기서 행복이 어려운 문제가 생기게 될 것이다. 지금 현재 부족하더라도 풍족하다고 생각하면 언젠가는 여유가 생기는 법이요. 지금 족하지만 부족하다고 생각을 한다면 언젠가는 부족하게 된다는 것이다.

화란의 철인 스피노자는 일생동안 병마와 가난과 고독 속에서 살았지만 언제나 명량하고 온유와 평화 속에서 행복을 누렸다고 전해오고 있다. 우리가 행복의 문제를 논할 때 언제나 행복의 조건을 마음속에서 부러워하거나 불평을 한다면 결코 행복할 수가 없다는 것이다.

내 친구들은 모두 사회적으로 성공을 하고 모두 잘 살고 있는데 나는 이렇게 불우한 처지에서 살고 있다고 생각한다면 절대로 행복감을 느낄 수가 없다는 것이다.

행복해지려면 행복해질 만한 조건들을 마련해야 한다. 행복의 조건을 마련하지 않고 행복을 원하는 것은 밥을 안 먹고 배불려 보려는 생각처럼 어리석은 생각일 것이다.

행복의 조건들이 무엇일까?

1. 건강이 제일이다. 몸이 불편하면 산다는 것조차 귀찮아진다.

그러므로 건강이 행복의 조건이다. 에머슨은 큰 사업에 성공하려면 건강이 무엇보다도 중요하다고 말했다. 짜증을 자주 내는 사람, 신경질적인 사람은 거의 다 건강치 못한 사람인 것이다. 그래서 만족은 건강에서 생긴다고 한다.

2. 건강비결은 위생관념이 철저해야 한다. 그래서 과속, 과음, 과식, 과로 또는 수면부족 없이 숙면이 필요하다. 영양음식도 골고루 먹어야 하고 몸에 이상이 있을 때는 미루지 말고 병원에 가는 것이 옳은 일일 것이다.

행복의 조건은 가정인 것이다. 인간의 가장 큰 행복은 사랑을 주고 받는 사랑의 보금자리가 절대적으로 필요한 것이다. 가정이 없이는 행복도 없다는 말은 지나친 말은 아닐 것이다.

특별히 젊은 남녀 청년들은 그 배필을 만날 때 심사숙고해야 하고 만났으면 해로하며 서로 지팡이 삼아 사는 것이 참 행복인 것이다. 그 외에는 행복의 조건이 여러 가지가 있지만 생략을 하려고 한다.

가난의 은총

미국에 강철왕이라고 하는 카네기는 가난한 가정에서 태어나 당대에서 으뜸가는 갑부가 되었고 자선사업에 가장 큰 힘을 쓴 인물로 알려져 있다.

한 번은 신문기자가 찾아와서 부자가 되는 비결이 무엇이냐고 질문을 받고서 그는 한마디로 대답을 했는데 가난했기 때문이라고 대답을 하였다. 이 대답은 깊은 뜻이 있는데 가난이 주는 은총이 체험적으로 나타나는 말이라고 생각을 해본다.

사람은 아무래도 부요하면 자신도 모르게 교만해지고 가난하게 되면 겸손하게 되고 그래서 성경은 가난은 겸손의 대명사로 사용하고 있다. 심령이 가난한 자가 복이 있나니 천국이 저희 것이라고 겸손한 마음을 가르쳐 주었다. 가난은 물질에만 적용되는 것이 아니고 지식도 포함될 것이고 권세도 모두 적용이 될 것이다. 사람이 모태에서 세상에 태어날 때는 두 손을 불끈 쥐고 울음을 터트리고 세상에 나오게 된다. 무엇인가 가지려는 욕망을 표시하는 것이기도 한다.

그러나 죽을 때는 두 손을 펴고서 운명을 하게 되는데 이제는 가진 것을 모두 버리고 간다는 상징적인 의미가 아닐까?

시골 농촌 가난한 가정에서 태어나 소를 몰고 논밭에 다니던 소년이 장성해서 출세하고 정성이 되어서 서울에서 화려하게 살다가도 죽을 때가 되면 마지막으로 생각나는 것은 어릴 때 소를 몰고 다니던 시골길이 생각이 난다는 것이고 인간 근본으로 돌아간다는 말이고 순수한 인간으로 돌아가야 겸손해지고 마음속에 안정이 되는 것을 말해주고 있다.

사막을 여행하는 나그네야말로 냉수 한 그릇의 맛을 알 수가 있으며, 물질의 고마움은 하루 저녁에 연회를 즐기기 위해서 몇십만 원씩 낭비하는 가정이 아니고 온종일 노동을 한 후에 몇천 원 손에 들고 가난한 집에서 먹는 식탁에서 알게 되는 것이다.

물질을 죄악시한 금욕주의 유대교가 있었다. 그러나 기독교는 금욕주의가 아니다. 창조주가 천지만물을 창조하고 바라보면서 좋았더라 그래서 검은 것과 흰 것을 만드셨고 더러운 것과 아름다운 것을 만드셨고 악한 것과 선한 것을 만드셨고, 천한 것과 귀한 것도 만드셨고, 비겁한 사람과 용감한 사람도 만드셨고, 부자와 가난한 사람도 만드셨다.

전국에서 제일 비싼 집은 서울 이태원에 있는 삼성그룹 회장네 집이고 전국에서 제일 싼 집은 김제시 황산면 쌍감리에 최 모 씨가 살고 있는 집인데 건축물대장에 5-6평 토담으로 되어있다.

제일 비싼 집과 제일 싼 집의 차이는 7만 8천1백6십5배로 되는 것으로 TV매스컴에 탄 적이 있다.

비싼 집에 살아도 불만 불평이 있을 수가 있고 싼 집에 가난하게 살면서도 기쁨과 소망 속에서 살아갈 수가 있는 것이다.

외양간에서 여물을 먹는 소는 고기를 먹고 사는 사자를 부러워하지 않고 둥지에서 사는 비둘기는 하늘 높이 떠다니는 독수리를 부러워하지 않는다.

부요하건 가난하건 감사하는 마음으로 살면 될 것이다.

무엇보다 물질의 진가를 깨달아야 할 것이고 물질 속에서 사는 인생이 물질보다 귀한 진리를 발견해야 될 것이다. 역사에 이름을 남긴 위대한 인물들은 거의 다 가난한 가정에서 태어났고 성장한 것을 볼 수가 있다. 가난한 가운데서 인생을 바르게 인식하고 바르게 사는 길을 배우게 되고 선과 의를 배우게 되고 진실을 행하게 될 것이다.

눈물로 와서 눈물로 간다

우리 인간(人間)은 "눈물에서 태어나서 눈물로 보내는 인생이다."라고 말할 수 있다. 옛말에도 "울고 왔다가 울고 가는 세상"이라더니 누구 하나 예외가 될 수는 없다. 우리 인간은 자신의 힘으로 눈물을 제거할 수 없는 무능한 존재라는 것을 부인할 수가 없을 것이다. 성경은 이렇게 말하고 있다.

"주께서 내 영혼을 사망에서 내 눈물을 눈물에서 내 발을 넘어짐에서 건지셨나이다"라고 말하고 있다. 죄인이 회개하고 돌아와 통회자복하며 흘리는 눈물, 도전과 모함과 핍박과 박해 속에서 흘리는 눈물, 의를 위하여 고난당하면서 흘리는 눈물, 민족과 나라를 위해서 기도하면서 흘리는 눈물, 이러한 눈물은 "주께서 기억하시고 건지신다고 약속하였다"라고 말하는데 눈물 속에서 건져냄을 받는다는 말씀인 것이다.

세상 말로 "웃으면 복이 온다"라고 하는데 성경은 "애통하는 자가 복이 있다고 울어야 복이 온다"는 것이다. 세상 사람들이 구호는 "인생이란 무엇인가? 청춘은 즐거워 노래하며 먹고 마시고 즐기자" 라고 말하지만 우리가 한평생 살면서 기쁜 일이 많은가요? 아니면 슬픈 일이 많은가요? 인생은 울면서 이 땅에 태어나서 울음소리를 들으며 이 세상을 떠다니는 존재라고 말하고 있지 않은가? 아니면 기쁜 일이 많은가요?

　인생을 돌아보면 웃는 순간보다 고통스럽고 눈물겨운 일들이 어쩌면 더 많다고 말할 수 있을 것이다. 그래서 시편기자는 "우리의 자랑은 수고와 슬픔뿐이라고 고백을 하고 있다. 그래서 인생은 없고 없고 없다가 없어지는 존재라"라고 말을 하고 있다.

　어릴 때는 철이 없고 젊어서는 정신이 없고 중년이 되면 틈이 없고 늙어지면 형편이 없다가 마지막에는 울음소리를 들으면서 없어지는 존재라고 하였다.

　세상은 즐거운 세상이 아니고 악하고 패악한 세상으로서 우리가 웃고 있는 이 순간에도 무섭고 흉측한 사건들이 여기저기에서 일어나고 있는 아주 무서운 세상을 보면서 슬퍼하고 눈물을 흘리며 기도해야 할 때이다.

　아일랜드의 속담 중 흐르는 눈물은 괴로우나 더욱 괴로운 것은 흐르지 않는 눈물이라고 말한다. 눈물 그 자체는 괴로운 것이지만 눈물을 잃어버린 이 세대는 더욱 비극이라는 것이다. 흔히 남자는 결코 눈물을 흘려서는 안 된다는 말이 있고 남자는 3차례 눈물을 흘릴 때가 있다고 한다.

첫째는 세상에 태어날 때 울고, 둘째는 부모님이 세상을 떠났을 때 울고, 셋째는 나라가 망했을 때 울어야 한다고 말하고 있다.

요즈음은 새로운 개념으로 말이 바뀌어졌다. 첫째는 세상에 태어났을 때 울고, 둘째는 부모님이 돌아가셨을 때 유산이 하나도 없을 때 울고, 셋째는 자녀교육 때문에 이민을 갔는데 자식이 머리가 나빠서 운다고 한다.

이러한 눈물은 아무런 도움과 유익이 없을 것이다. 스펄전 목사는 이런 말을 하였다. "마른눈으로는 절대로 천국에 들어갈 수 없다"라고 하였다. 주님께서는 눈물을 보시고 "아름다운 다이아몬드"라고 말한 바가 있다.

사람이 순수한 모습을 가지고 있으면 감정의 동물이라 눈물을 흘릴 수밖에 없다. 그러나 사람이 인간성을 잃어버리면 마음이 강퍅해져서 눈물이 말라버리게 된다.

백합 수 가방

러시아의 문호 톨스토이가 쓴 백합 수 가방이란 책을 썼는데 톨스토이가 여행을 가는 길에 한 집에 머물다가 이튿날 떠나려는데 그 집 아이가 몹시 울고 있었다. 아이가 우는 이유를 엄마에게 물었더니 백합 수놓은 톨스토이 여행가방을 갖고 싶어서 운다고 하였다. 우는 내용을 알고서 이렇게 약속을 하였다.

여행을 마치고 돌아오는 길에 주겠다고 약속을 하고 여행을 마치고 3일 후에 돌아와서 그 집 문을 두드리니 엄마가 울면서 나왔다. 톨스토이는 아이에게 약속한 가방을 주려고 왔다고 말하자 내 아들은 그날 밤에 죽었다고 말을 했다. 이 말을 듣고 톨스토이는 왜 그날 바로 주지 않고 다음으로 미루었을까 하고 후회를 했다는 내용의 백합수 가방이란 책을 쓰게 되었다.

성경에서도 "범사에 기한이 있고 천하만사가 다 때가 있다"라고 하였다. 날때와 죽을 때가 있고, 심을 때와 뽑을 때가 있고, 울 때와 웃을 때가 있고, 슬플 때와 춤출 때가 있고, 안을 때와 안는 것을 멀리할 때가 있고, 찾을 때와 잃을 때가 있으며, 지킬 때와 버릴 때가 있다. 찢을 때가 있고 꿰맬 때가 있다.

사랑할 때가 있고 미워할 때가 있다. 전쟁할 때가 있고 평화할 때가 있다고 말하고 있다. 때를 놓치면 실패자가 되고 그때를 잘 선용하면 성공자가 될 것이다. 때를 분별하는 사람들이 지혜로운 사람이라고 말할 수 있을 것이다.

블란서 파리 센 강변 방동 광장에 나폴레옹 동상이 우뚝 서있다고 한다. 그리고 가까이 있는 유명한 쇼메의 보석상 건물이 있다고 한다. 쇼메이에 보석상을 시작한 사람은 마리에 띠엔느 니토라는 사람이었다.

그가 작은 보석상을 운영하고 있던 어느 날 밤에 낯선 젊은이가 쫓겨 상점으로 다급히 뛰어 들어와 숨겨달라고 도움을 요청하였다. 그 주인은 그 젊은이를 숨겨주고 후히 대접까지 해주었다고 한다.

그가 바로 청년 나폴레옹이란 사람이었다. 그런데 나폴레옹이 황제가 되자 자기 왕관 제작을 니토 보석상에게 의뢰하여 제작하게 하였다. 그리고 왕비들의 결혼 예물을 제작하게 하였다. 그리고 왕실에서 왕과 왕비와 귀족들의 보석을 세공하면서 일약 명인이 되었다. 그리고 프랑스 보석상으로 명성을 날리게 되었다.

여기서 우리가 생각해 볼 것은 선한 일을 할 기회가 오면 망설이지 말고 결단하고 실천하는 일과 의로운 일을 행할 때 미루지 말고 과감하게 실천해야 된다는 교훈을 주지 않을까 생각이 된다.

휴식

매년 7월, 8월은 2개월 사이에는 휴가철이 시작된다. 학교에서는 방학이 될 것이고 그러면 온 가족이 휴가를 가게 될 것이다. 학생들은 그동안 힘들게 공부하고 부모님들은 직장이나 사업장에서 열심히 땀 흘리며 힘들게 일을 하였다. 직장 생활은 출. 퇴근시간이 분명치를 않고 점심시간 외에는 여러 가지 일들을 계속하면서 피곤이 쌓이기 마련이다. 그래서 휴가를 필요로 하고 있다. 얼마동안 기간을 내어 휴가를 내는 것도 중요하지만 열심히 일하는 날이 있은 후에 쉴 수 있는 밤이 있는 것이 참으로 우리에게 안식을 주는 것이다.

만약에 어두운 밤이 없다면 사람들은 휴식을 잃어버릴 가능성이 크지 않을까 생각도 해본다. 몇 년 전에 6월 22일 하지날 알래스카 지역은 일 년 중에서 낮이 제일 길어서 밤이 없는 날이 되기도 했다고 한다.

밤 12시인데도 어둡지 않고 환해서 사람들은 여름 동안 이모작 채소를 심고 작업을 계속했다고 한다. 낮이 길고 일조량이 풍부하기 때문에 채소가 잘 자란다는 것이다. 그리고 보통 일을 끝내고 퇴근하면 저녁을 먹은 후에는 낚싯대를 매고 고기를 잡으로 나가 11시에 들어온다고 한다.

이렇게 며칠을 계속하다 보면 지치기 마련이다. 그래서 그들은 잠을 자기 위해서 창마다 두꺼운 커튼을 치고 밤을 어둡게 하고 잠을 잔다고 한다. 하루 일과를 끝내고 어두운 밤이 온다는 것은 우리가 잠을 자며 쉬고 난 뒤에 맑은 기운으로 새날을 맞아서 일할 수 있는 좋은 여건을 주는 것이다. 우리가 매일 쉬는 시간이 있다는 것도 중요하지만 한 주간에 5~6일 일을 하고 하루 또는 이틀 쉬는 것이 우리의 건강을 위해서는 참으로 좋은 배려인 것이 된다.

휴식은 우리의 몸과 마음과 정신적으로 새로운 활력소를 주는 동기를 부여해주고 있지 않은가? 매년마다 여름이 되면 수많은 사람들이 산과 바다를 찾아가게 된다. 교회에서도 이때가 되면 수련회란 이름으로 산과 바다로 나가게 된다. 우리는 수련회를 통해서 심신을 단련하며 명상과 기도시간을 갖게 되는데 너무나도 귀한 시간이라고 생각을 해본다.

오늘의 세상은 물질만능주의, 과학만능주의, 쾌락 만능주의로 살아가고 있는데 세상이 줄 수 없는 내적인 부요함, 내적인 행복, 내적인 평안, 내적인 사랑이 진정한 삶의 원동력이 되는 신앙생활의 관심을 가져보면 기쁨과 평안과 소망을 누릴 기회가 되지 않을까?!

우리는 최근에 일어나는 일들을 〈잘했다. 못했다〉 찬반을 떠나서 모두가 함께 염려해야 할 일들이 아닌가?

우리는 좋은 법이 필요하지만 법으로 좋은 인간이 되는 것은 아니고 좋은 제도가 반드시 필요하지만 좋은 제도를 가지고는 역시 좋은 세상이 되는 것이 아닌 것이다.

우리는 휴식을 통해서 이사야 선지자가 말한대로 나 자신의 삶을 살펴보면서 고칠 것은 고치고 버려야 할 것은 버려야 할 것이다. 그리고 선함을 존중히 여기고 의로움을 따라야 할 것이다.

심는대로 거두는 가을

落葉盡隨溪水去(낙엽진수계수거): 낙엽은 계곡물에 따라 흘러가고
只留秋色滿空山(지류추색만공산): 온 산에 가을 빛 짙게 깔렸도다

　가을이 주는 이미지를 생각해 보면 가을 太陽의 불빛 같은 빛으로 벼가 잘 익어가는 가을철이다. 우리는 통속적으로 가을 하면 생각나는 사자성어 天高馬肥 계절인 것이다.
　하늘은 높고 말은 살찌고 오곡백과의 결실의 계절이요. 추수계절이요. 사색의 계절이요. 독서의 계절이요. 낭만의 계절이요. 남성들의 계절이라고 한다. 요즈음 지역마다 이런저런 지역을 알리는 축제의 계절이 되기도 하였다. 교회에서는 비중이 큰 추수감사절로 가을은 감사절기라고도 한다.
　봄은 여자 계절이라고 하고 가을은 남자계절이라고 한다. 또 늦가을은 김장 계절이라고도 하고 땔감을 준비하는 계절, 연탄을 몇 백

장씩 준비를 하게 된다. 그리고 추운 겨울 먹고살기 위해서 양식을 준비하는 계절로 떠오르게 된다.

성경에서는 이 가을은 매우 엄중하게 두 가지 시각으로 보고 있다. 첫째는 가을은 심은 대로 거둔다는 엄격한 사실을 보여주고 있다.

"눈물을 흘리며 씨를 뿌리는 자는 기쁨으로 곡식 단을 거두리로다."

심은 대로 거두는 것이 창조의 질서인 것이다.

"가을이라 가을바람 솔솔 불어오니 밭에 익은 곡식들은 금빛 같도다 추운 겨울 지날 적에 우리 먹으라고 하나님이 내려주신 생명의 양식"

지금 우리는 무엇을 위하여 무엇을 심고 있는가? 분명한 것은 심은 대로 거둔다는 것이다.

가을은 인생을 깊이 묵상하는 계절이다. 사계절 중에 가장 맑고 청량한 기운이 너무도 왕성하고 푸르고 높은 하늘은 사람의 기상을 드높여 주고 아침과 저녁으로 부는 청풍은 우리의 살을 서늘하게 한다. 밤새도록 애절하게 울어대는 풀벌레는 나는 누구인가를 질문하게 하여 내 인생에 의미는 무엇인가? 깊이 생각나게 해주고 있다.

우리가 가을 계절 낙엽이 쌓인 산책길을 걸어보면 들국화 핀 들판길과 산길도 걸어보면서 자연의 신바람을 느껴보면서 창조주의 능력을 찬양하게 된다. 대전시내 공원에 국화꽃 축제를 보게 되는데 국화꽃을 호박 넝쿨처럼 길러서 글씨를 쓰기도 하고 국화꽃을 네

귀 반듯하게 길러서 그 자체가 바로 예술이 아닌가!

가을은 심은 대로 거두는 계절이라고 하는데 많이 심은 사람은 많이 거두게 된다는 것이고 적게 심은 사람은 적게 거두는 법칙이 확연하게 드러나는 계절이기도 한다.

이 세상일이 어찌 쉽고 순탄하기만 할까. 그러나 하기로 작정하고 달려들면 "태산 높다 한들 하늘 아래 뫼처럼" 어려운 일도 쉬워지는 법이고 어렵다고만 느끼면 쉬운 일도 어려울 뿐이다.

이 세상에는 아래서부터 시작하지 않고는 오를 수 있는 것이 하나도 없다. 그리고 가까운데서부터 시작하지 않고는 멀리 갈 수가 없다는 말도 있다.

그리고 어려운 일이 생길 때는 쉬운 것에서부터 풀어야 하고 큰일은 작은 일부터 손을 대야 한다는 지혜로운 말도 있지 않은가!

12월 한 해 마지막 달

12월은 한해를 결산해야 하는 마지막 달이다. 그래서 그 어느 달보다 분주하고 바삐 움직여야 한다. 그래서 1년 중에 과로로 쓰러지는 사람들의 수가 가장 많은 달이 12월이라고 한다.

그만큼 한해를 결산하고 새해를 준비하기 위해서 부단히 움직여야 하기 때문에 여러 측면에서 많은 스트레스를 받고 있다는 것이다.

스트레스를 잘못 관리하면 거기에 따른 여러 가지 휴유증이 발생하게 된다고 한다. 그래서 바쁘고 힘들고 어렵고 염려와 근심이 많다 할지라도 스트레스를 바로 해소할 수 있어야 심신이 건강을 유지할 수 있을 것이다.

스트레스라는 말은 우리말로 강박관념 억압감, 우울증 여러 가지 말이 있다.

그러나 스트레스라는 말로 표현하는 것이 더욱 정확한 것 같다.

사람이 스트레스를 많이 받게 되면 몸과 마음의 저항력이 약해져서 여러 가지 비정상적인 일이 생기게 된다. 매사에 짜증이 잘나고 신경질을 잘 내게 된다. 그래서 대인관계가 원만하지 못하고 나빠지기 마련이다. 식욕도 없어지고 의욕도 저하되고 일을 해도 보람이나 가치를 찾지 못하게 된다.

현재 질병의 70%가 스트레스에서 온다는 말도 있다. 목표가 있는 사람은 그 목표 하나하나를 성취해 나가는 기쁨과 보람이 있게 된다. 목표를 성취해 가는 기쁨과 보람이 어떤 스트레스라도 극복하고 해소해 나갈수 있는 힘의 원천이 된다는 것이다.

생각해 보면 지난 한 해 동안 어떤 목표를 가지고 살아왔는가? 아무런 목표도 없이 그저 하루 일과만 보내왔는지? 금년 한 해 동안 나름대로의 목표가 있어야 하고 그 목표가 우리에게 성취의 기쁨을 안겨주며 그 성취의 기쁨이 스트레스를 극복하고 해소해 가는 힘이 된다는 것이다.

사람들은 많은 일을 한꺼번에 일을 하려고 욕심을 부리면 엄청난 스트레스를 느끼게 될 것이다. 그리고 일도 제대로 되지도 않는다. 한 번에 한 가지씩 우선순위를 정해 놓고 순서대로 하는 사람이 스트레스를 극복할 수가 있고 또 안 받을 수도 있다.

먼저 해야 할 일 그리고 나중에 해야 할 일을 구분하도록 하는 지혜가 무엇보다도 중요하다는 것이다.

예수님께서 전도하러 보내실 때도 둘씩 짝을 지어 보내셨다는 것을 배워야 할 것이다. 민주사회로 발전하기 위해서는 내가 무엇을 하겠다는 생각보다 우리가 함께해야 할 일이 무엇이냐?를 찾는 지혜가 있어야 할 것이다.

개인이나 단체나 국가 일도 함께하는 정신이 부족한 그곳에는 스트레스로 인하여 문제가 생기고 상처가 생기고 고통이 생기게 된다.

싸움

 싸움의 종류는 여러 가지가 있다. 악(惡)한 싸움이 있고, 선(善)한 싸움이 있기도 한다.

 전쟁은 국가사이 싸움으로 지금도 러시아와 우크라이나와 아스라엘과 하마스 전쟁은 최신 무기를 집중시켜서 상상을 초월한 인명피해를 발생시키며 사랑의 복음자리 주택을 파괴시키고 가족들마저 갈 곳이 없이 뿔뿔이 헤어지는 불행을 가져오고 나라는 위기로 몰리고 사회는 불안에 빠지고 경제는 침몰되고 가난에 찌들리고 헐벗고 배고픔으로 희망을 상실하고 방황하고 넘어지고 축복은 잃어버리고 불행한 처지에서 절망과 좌절에 빠져 삶의 의욕과 새로운 도전과 용기를 내지 못하는 경우가 얼마나 많은가?!

 전쟁은 세상을 지옥으로 만들고 폐허를 만들고 평화를 깨뜨리고 마음에 증오심과 악만 가득 차 기쁨과 감사와 웃음을 거두어간다.

 싸움이 왜 일어나는가? 사랑과 이해와 관용심이 결여되었고 미움과 파괴심과 거짓으로 분열을 일으키고 공격하는 사탄의 계획이 인간의 마음속을 격동시키며 조정하여 악한 전쟁과 싸움을 일으키고 있다.

싸움은 불의하고 악한 싸움도 있고 의롭고 선한 싸움도 있다. 또 영적인 싸움도 있고 육신적인 싸움도 있다. 육신적인 싸움은 인간의 생명을 멸망시키며 파멸과 타락을 가져오므로 인간을 불행하게 한다.

"선한 싸움은 싸워 이기라"고 권면한 사도바울의 선한 싸움은 무엇인가? 개인적으로 생각을 해보면 연단과 시련이 닥쳐올 때가 있는데 이것을 겁내지 말고 두려워하지 말고 중심을 굳게 잡고 지혜롭게 대처하고 선한 싸움을 싸워 이겨내야 한다는 것이다.

또는 세상적인 안락과 육신적인 정욕이 나를 유혹하고 방황할 때 강한 의지를 가지고 신앙심으로 이겨내는 것이 선한 싸움인 것이다. 선한 싸움을 하지 않으면 몸은 편하나 상급과 승리가 없다.

선한 싸움은 성숙한 인격자로 자리를 잡게 될 것이고 승리자의 빛을 낼 것이다. 인간이 동물과 구별되는 것이 무엇일까? 여러 가지가 있지만 사람은 생각을 가진 존재이다. 우리가 올바르고 선한 생각을 가지고 있는가? 악하고 불의한 생각을 가지고 있는가? 마음이 허망하고 미련한 마음이 있는가 범죄하고 타락한 인간 본성의 정욕과 교만과 야심에 지배를 받고 있는가?

인권과 질서를 파괴하는 사단의 공격에 마음이 괴로워하며 우울증에 잠길 때가 있다. 인간(人間) 바로 나 자신의 육체적 소욕과 싸워 승리해야 한다. 육체의 소욕인 인간의 욕심은 한이 없다. 인간의 영광은 풀의 꽃과 같아서 풀은 마르고 시들기 쉬운 식물이나 인간의 몸은 동물보다 더 약할 때가 있고 쉽게 병들 때가 있다. 인간의 육체는 한 번 병으로 눕게 되면 차츰 쇠퇴하기 마련이고 쇠퇴한 육체는 다시 재생할 수가 없다는 것이다. 인생은 풀과 같이 쉽게 시들고 한때의 영광은 풀의 꽃과 같다는 것이다.

풀은 마르기 전에 꽃이 떨어진다. 꽃을 모르는 자는 시인이 될 수 없으며 꽃이 떨어지는 것을 보고서 깨닫는 마음이 없다면 위대한 철학자가 될 수 없다는 말이 있다. 인생의 길은 왕복하는 길이 아니고 오직 외길뿐이다. 한번 가면 되돌아올 수 없는 길이요. 연습이 없고 실제적이 삶을 살아야 한다. 인생의 노트는 연습장이 없고 모두가 실제인 것뿐일 것이다.

무엇이 짧고 무엇인 긴 것을 볼 수 있는 슬기와 지혜 있는 사람들은 인생을 함부로 살지 않고 선한 싸움을 싸우는 지혜로운 사람이 될 것이다.

크든 작든 싸움과 전쟁이 끝나야 태평성대가 이루어지는 것이다.

고난과 시련

고난은 여러 가지 원인에서 오게 된다. 내가 잘못한 것도 아닌데 타인에 의해서 올 수도 있다. 남의 잘못으로 뜻밖에 교통사고 같은 것이라고 말할 수 있고, 남의 실수로 내가 고난을 당할 수도 있고 나 자신이 실수하여 고난이 오기도 한다. 사업이나 상업에 실패하면 바로 고난이 오기도 한다.

모 병원 휴게실에서 몇 사람이 이야기를 주고받고 있었다. 신장 결석(담석증)을 수술한 환자가 "말도 마시오. 그 아픔을 어디다 비교하겠습니까? 애를 낳는 것보다 더 아팠을 것이라고 했다." 그러자 디스크 환자가 "무슨 소리요.

뼈를 깎는 아픔이란 말도 못 합니다." 뼈를 자르고 깎는 아픔은 표현할 수가 없다고 했다. 다른 사람들의 아프다는 이야기를 조용히 들으며 한숨을 쉬고 있는 사람이 있었다. 그에게 묻기를 "당신은 어디가 아파서 입원했습니까?"

"예 저는 수술 환자는 아닙니다."

"제일 편한 환자시군요."

"저는 몸이 아프지 않은 사람이지만, 가슴이 아픕니다. 열흘 전에 제 아들이 간암으로 세상을 떠났습니다. 애비가 먼저 가야 하는데 자식이 갔기 때문에 내 가슴에 죽은 자식 묻느라 가슴이 다 찢어져 너무도 많이 아픕니다."라고 하였다.

이 말을 들은 사람들은 갑자기 분위기가 숙연해졌고 더 이상 아프다는 이야기를 계속할 수가 없었다. 우리는 모두 각각 아픔이 있고 고통이 있고 견디기 어려운 통증들을 가지고 있다.

내 아픔이 제일 크고 내 고통이 제일 깊은 것이라고 생각하지만 우리 주변에는 나보다 훨씬 더 큰 아픔을 안고 사는 사람들이 의외로 많이 있다는 것이다.

세상에는 아픔을 당하고 상처를 받고 위로를 받지 못하고 고통과 눈물을 흘리는 사람들이 많이 있다는 것이다.

지도자들은 아랫사람들을 지켜줄 의무가 있고 잘 선도할 책임이 있다는 것이다. 그래서 사회어른이나 지도자들의 정신이 좋으면 그 사회는 건전한 사회로 발전해 간다. 그래서 젊은이들이 잘 성장하게 된다. 그렇지만 지도자들의 정신이 잘못되어 있으면 그 잘못된 물이 아래로 그대로 흘러내려가게 된다. 이것은 아주 무서운 독소가 되는 것이다.

"윗물이 맑아야 아랫물도 맑다."라는 말이 있다.

지도자들은 뜻과 용기가 있어야 한다. 그래서 옛날에는 지도자들을 일컬어서 스타라고 했다. 스타는 높이 떠있는 별을 말한다. 스타는 태양과는 다르다. 태양은 빛을 주고 열을 주는 것이 목적이 된다.

스타는 빛을 주거나 열을 주는 것이 아니라 높이 떠서 보여주기만 하면 된다. 사람들이 보고 방향을 잡고 기준을 삼으면 되는 것이다.

그것이 지도자의 역할이라 하겠다.

맵시있는 여인

예로부터 여자는 4가지 맵시가 있어야 한다는 말이 있다.

첫째는 마음씨가 좋아야 한다. 온유하고 겸손해야 해야 할 여성들이 거칠고 사나운 마음을 가지면 안 된다. 본래 여성은 용모의 미보다 교양의 미가 있을 때 지성인이라는 칭찬을 듣게 된다.

우리는 역사 속에서 좋은 부모와 나쁜 부모 사이에서 어떤 자녀들이 나왔는지 알아볼 수가 있다. 히틀러의 어머니는 그의 남편이 집을 비울 때마다 비도덕적으로 유대인 남자를 만나서 불륜의 관계를 맺게 되었고 이 사실을 알게 된 아들 히틀러는 마음속에 증오심을 키우게 되었고 유대인 남자를 미워하다가 결국 600만 유대인을 학살하고 세계를 전쟁의 도가니 속으로 몰아넣게 되었다.

세계적인 부흥사 무디의 어머니는 남편 없이 5남매를 키웠지만 낙심하고 실망하지 않고 신앙으로 양육을 하였다. 어려운 생활 속에서 고아원으로 보내라는 권유도 물리치고 내 두 팔이 있는 한 내 자식들은 고아원으로 보낼 수 없다는 생각으로 기도하며 어려움을 이겨 내었다.

그래서 그녀의 아들 무디가 美國 사람들의 영혼을 뒤흔들어 놓은 위대한 주의 종이 되었다. 마음이 좋은 부모 밑에서 훌륭한 자녀가 나오는 것이다.

둘째는 말씨가 좋아야 한다.

"유순한 대답은 분노를 가라앉게 하고 혈기를 참아내게 하고 과격한 말은 분을 격동케 하느니라. 사람은 그 입의 대답으로 말미암아 기쁨을 얻나니 때에 맞는 말이 얼마나 아름다운고"(잠언 15:1)

그래서 말 한마디로 천냥빚을 갚는다는 말도 있다. 어느 분은 말로 이간질을 하고 싸움을 붙이고 남의 마음을 어수선하게 한다.

피알〈PR〉시대라 하는데 우스운 말로 피할 것은 피하고 좋은 말은 알리며 자랑하라는 말이기도 하다. 슬픈 자에게 위로해 주는 말, 실패한 사람에게 용기를 주는 말, 눌린 자에게 자유와 평화를 주는 말, 왜장녀(왜장女)처럼 시끄럽게 떠들지 말고 아름다운 말씨로 분쟁하는 사람들을 화해시켜 주는 감화력 있는 말씨를 가지도록 힘써야 할 것이다. 감사는 찬양을 낳고, 찬양은 기쁨과 행복을 낳게 된다.

셋째는 맵씨가 좋아야 한다. 내 몸을 내가 단장하고 좋은 옷도 입고 맵씨나게 단장하는 것은 좋은 일이다.

미국의 성형외과 협의회에서 최근에 발표한 자료에 의하면 신체 각 부위를 예쁘게 성형수술하는 비용이 2만 불 정도가 든다고 한다. 이마 수술을 제거하는데 2.526달러와 레이저로 얼굴 껍질 벗겨 내는데 2.770달러, 유방확대 3.077달러, 유방을 올리는데 3.426달러, 팔 군살제거 2.280달러, 허벅지 군살제거 3.817달러, 쌍꺼풀 수술 2.942달러, 코 수술 3.434달러 등 대충 얼굴에서 허벅지까지 성형수술 하는데 비용이 2만 달러가 든다고 한다.

그 외에도 피부 전체를 팽팽하게 만드는데 드는 비용이 2천 달러가 필요하다고 본다. 문제는 돈이 드는 것도 문제이지만 신체 각 부위마다 수술하는데 아프고 고통스러운 일이라는 것이다. 그런데 아프고 고통을 생각하는 것이 아니고 결과적으로 아름다운 자기의 모습을 생각하기 때문에 잠시 아프고 고통스러운 것을 잘 참아 낼 수가 있다는 것이다.

미인의 아름다움은 1. 감성미, 2. 지성미, 3. 야성미 이 세 가지 요소가 있어야 미인이 될 것이다. 감성미는 편하다, 귀엽다, 친근하다. 이러한 이미지로 표현이 될 것이다.

지성미는 지적이다, 우아하다, 품위가 있다, 교양과 관련이 있다.

야성미는 섹시하다, 도발적이다 등으로 표현이 된다. 가장 아름다운 사람은 영과 육과 혼이 하모니를 이룬 사람일 것이다. 영과 육과 혼이 부조화를 이룰 때에는 존경받는 사람이고 할 수가 없다.

넷째는 솜씨가 좋아야 한다.

남자들의 생존을 보면 식구들을 먹여 살리려고 배 타고 나가서 20일 정도 넓은 바다에서 어업을 하지요. 위험을 무릅쓰고 탄광 속에서 작업을 하지요.

이마에서 등골에서 땀 흘리고 비가 오나 눈이 오나 더우나 추우나 종일 작업을 한다. 여자들은 집에서 좋은 옷 입고 맛있는 음식을 사 먹고 이곳저곳 관광 다니고 옛날에는 남자는 돈 쓰는 것이고 여자는 물 쓰는 것이라 했는데 지금은 바뀌었다. 그래서 딸 있는 사람은 비행기 타고 여행을 간다는 말까지 나오게 되었다.

미국의 초대 대통령이었던 조지 워싱턴의 어머니는 위대한 신앙의 어머니였다. 워싱턴이 대통령 취임을 마치고 주일에 각 장관들과 옛 고향에 계신 어머니께 인사를 하러 내려가게 되었다.
어머니는 평소에 아들에게 만들어 주던 별미를 정성껏 준비하고 인사를 받았다.
한 장관이 대통령에게 말하기를 각하의 어머니는 이 나라에서 국민의 존경받는 대통령의 어머니요. 곧 국모이신데 저렇게 손수 일을 안 하시는 것이 좋겠다고 하였다.
이 말을 들은 그 어머니는 유명한 두 가지 말을 남겼다.
"대통령은 들으시오. 나는 일하지 말라는 대통령의 명령은 거역할지언정 일하라는 하나님의 말씀을 거역할 수가 없소. 또는 나는 대통령의 어머니이기 전에 하나님은 나에게 여자로 천부의 사명을 주셨으니 살아있는 동안 내 할 일을 할 것이요."라고 대답을 하였다.
워싱턴은 어머니의 근엄한 모습에서 평생 잊을 수 없는 유언적 교훈을 받은 것이다. 그 어머니의 그 아들이요. 그 어머니의 숭고한 정신 속에서 오늘 저 미국의 새 역사를 이룬 워싱턴이 태어난 것이다.

악한 자의 집은 망하겠고 정직한 자의 장막은 흥하리라. 지혜로운 여인은 자기 집을 세우되 미련한 여인은 자기 손으로 그것을 허느니 라.

행복한 부부

전 세계의 모든 국가들이 사상은 달라도 가정만은 중요시하는 점에서는 모두 일치하고 있다. 가정은 인류의 가장 오래된 기관이고 가장 견고한 이 사회에 기초가 된다.

행복한 가정의 원리가 무엇인가? 사랑일 것이다. 사랑은 무엇인가? 관심인 것이다. 자기에 대한 관심을 내세울 때는 사랑의 금이 가는 것이고, 상대방에 대한 관심을 내세울 때는 사랑이 성립이 되는 것이다. 그래서 사랑은 타인에게 관심을 갖고 타인 중심으로 생각하는 것이다. 대부분 사람들의 사랑이란 육체적인 사랑이요. 자기중심적인(自己中心的) 사랑인데 이런 사랑으로는 가정을 행복하게 이끌어 갈 수 있는 참사랑이 아닐 것이다.

한 남자와 한 여자가 합해서 한 가정을 이루게 된다. 그래서 사람들은 천정배필(天定配匹)이란 말을 쓰는데 우리 배우자는 하늘이 정해 주신다는 것이다.

그러므로 가정은 신성한 것이다.

남녀가 만나서 가정을 이루게 될 때 처음에는 모든 것이 신비하고 좋기만 하기 때문에 결혼한 한 달은 밀월(蜜月)이라고 한다. 꿀처럼 달다는 말이다. 그러나 시간이 지나고 나면 씁쓸한 일들도 생기게 된다. 모든 부부가 다 그런 것은 아니지만 일반적으로 부부의 성격은 대조적이라고 말할 수가 있다.

한 사람이 느긋하면 한 사람은 팔팔하고 한 사람은 깔끔하면 한 사람은 지저분하고, 한 사람은 뜨거운 음식을 좋아하면 한 사람은 시원한 음식을 좋아하고 한 사람은 무슨 일이든 맺고 끊음이 명확하면 한 사람은 그저 적당히 그럭저럭 지나가려 한다. 말을 많이 하면 한 사람은 그저 듣기만 하고 이렇게 대조적이다.

이런 성격이 오래 같이 사는 동안 사랑이란 매개체를 통해서 서로의 개성을 죽이고 양보해서 가까워지게 된다.

그러나 사랑이 없으면 투덕거리며 다투다가 결국은 서로 헤어지는 비극을 초래하기도 한다. 결혼 주례사 권면 가운데 결혼해서 3개월은 행복하고 3년은 다투면서 살고 30년은 참으면서 살아야 될 것이고 신랑 신부에게 권면을 하게 된다.

성경의 가르침은 남편은 아내를 보호하고 양육하고 사랑하고 돌봐주고 자기 아내를 존귀하게 여기라고 교훈하고 있다. 아내는 자기 남편을 기쁘게 하고 남편의 말에 순종하고 꼭 필요한 사람이 되어서 그를 품고 보필해서 남편의 기능을 잘할 수 있도록 하라는 것이다.

인류역사에 내려오는 말은 한 남자가 성공하려면 두 여자의 손을 거쳐야 하는데 하나는 훌륭한 어머니 손이고 또 하나는 어진 아내의 손이라고 한다. 인류역사에 크게 공헌한 분들은 어머니와 아내가 훌륭하였다는 것이다.

사랑에 대하여 성경은 이렇게 정의하고 있다.(고전 13:7) 모든 것을 참으며, 모든 것을 믿으며, 모든 것을 바라며, 모든 것을 견디느니라.

사도바울이 남편에 대해서는 사랑이요. 아내에 대해서는 순종이라는 것이다. 이 균형이 언제나 유지되어야 한다는 것이다.

요즈음 서구 사회에서 이혼율이 50%를 넘어서고 있다. 무서운 일이다. 왜 그렇게 되었을까요? 결혼의 기초가 육신적인 데에만 치우치기 때문이다. 아무 부담 없이 결혼하고 헤어진다. 버스 속에서도 눈 맞으면 결혼하고 기분 나쁘면 헤어진다. "우리 결혼할까?" "그래" 그리고 결혼하고 "우리 이상이 안 맞는데 헤어지자" 말하고 그리고 이혼을 하게 된다.

어떤 사람들은 같이 얼마동안 살아보고 마음에 맞으면 정식 결혼하고 잘 안 맞으면 부담 없이 헤어지고 연습결혼 계약 결혼을 해서 사는 사람들이 있다는데 이것은 타락한 세상일 것이다.

창조주 하나님은 본래 저희를 남자와 여자를 만드시고 말씀하시기를 "부모를 떠나 아내에게 합하며 그들이 한 몸이 될지니라" 그래서 생육하고 번성하고 땅에 충만하라는 선언을 하셨다.

결혼이 목적은 보존의 차원에서도 생각할 수도 있고, 성결하게 살면서 유교에서 부부유별(夫婦有別)이라고 오륜의 하나로 엄격한 구별이 내외간의 도리를 말하고 있다.

성경에서 아내는 남편을 존중하고 남편은 아내를 자기 몸처럼 사랑하고 아끼고 부부의 도리를 다할 때 행복한 부부가 될 수 있고 복된 가정을 만들 수가 있다는 것이다.

복(福)

왜 공부를 하는가? 사람은 누구나 平生 복을 받고 살기를 원하고 있다.

왜 직장생활을 하며 사업을 하는가? 복을 받기 위해서일 것이다. 공부해서 사업해서 복이 되지 않고 화가 된다면 누가 공부하고 직장 생활을 하고 고생하면서 사업을 할 사람이 누가 있는가?

국가와 정부 국회와 정치등은 모두가 나라와 백성들이 복이 되기 위한 것이다. 좀 더 평안하고 유익하게 하고 가치 있게 하고 좀 더 보람되게 좀 더 복되게 하기 위한 것이다.

하나님께서도 우리 인간에게 복을 받고 누리고 살라고 하셨다. 좋은 남편은 복을 받은 남편이요. 좋은 아내는 복을 받은 아내요. 복을 받아 얼굴이 환하고 건강하고 항상 기쁘고 즐겁고 행복을 누리면서 사는 아내가 좋은 아내인 것이다. 누가 좋은 자녀인가? 복을 받고 앞길이 열리고 성공하여 훌륭한 인물이 되는 것이고 건강해야 효도도 되는 것이다.

하나님은 우리에게 복 받는 길을 잘 알려주고 있다. 성경에는 병든 사람은 복이 있나니라고 말하지 않는다. 건강이 복인 것이다. 또 가난이 복이라고 하지 않았다 남에게 꾸어주고 나누어 주는 것이 복인 것이다. 건강하고 부요해지는 것이 복이라고 생각한다.

전 세계에서 잘 사는 나라는 25개국인데 기독교 국가가 아닌 나라는 오직 일본뿐이다. 이 세상에서 가장 못 사는 나라들은 공산주의요 독재자들이 다스리는 나라요. 우상을 숭배하는 나라들이 공통점으로 가난하다는 것이다.

하나님은 복의 근원이 되신다. 육신이 복을 받고 잘 되려면 무엇보다도 하나님을 잘 섬겨야 할 것이다. 하나님을 똑바로 알고 똑바로 믿으면 복을 주신다.

출애굽기 23:25절에 양식과 물에 복을 주신다고 하였고, 학 2:8절에 은도 금도 내 것이라고 말씀하시면서 하나님께서 마음에 드는 신자들에게 주신다고 약속하였다.

신 12:28 너와 네 후손에게 복을 주신다고 하였고, 시편 28:9 산업에 복을 주신다고 하였다. 눅 6:38 후히 되어 누르고 흔들어 넘치도록 풍성한 삶으로 축복해 주신다고 약속하였다. 생각해 보면 복이 잘못 배정된 것처럼 보일 때가 있다.

부자가 되어야 할 사람이 가난하고 가난해도 좋은 사람이 부한 경우가 있고 건강할 사람이 질병으로 고통을 당하고 장수해야 할 사람이 단명하고 단명해도 좋을 사람이 오히려 장수하고 형통해야 할 사람이 참담하고 곤고해야 할 사람이 번창하는 불공평한 모습을 볼 수가 있다.

또는 악한 사람이 건강하고 독재자가 장수하고 불신자가 형통하는 것을 보면 축복이 제대로 배정되지 않은 것 같다는 느낌마저 들게 된다.

이러한 현상에 대하여 절망이나 불평을 하지 말 것은 하나님은 공의로우시기 때문에 가져갈 때가 있고 병들 때가 있고 참담할 때가 있다. 세상을 운영하시는 분은 공평하시기 때문이다.

사실 물건이나 건강이나 출세나 성공이나 장수도 번영도 주어져야 할 사람에게 주어져야 흡족한 것인데 그렇치 못할 때가 있다. 그러나 궁궐에도 눈물이 있고 괴로움이 있고 오막살이에도 기쁨과 평화가 있다는 사실을 기억해야 할 것이다.

양과 염소의 차이점

양과 염소는 그 모양은 비슷하면서도 성격과 행동은 대조적이다. 양은 온순한 성품을 가지고 있기 때문에 절대로 반항하거나 거역을 하지 않고 저항도 없는 착한 동물이다. 양은 어리석을 정도로 순진하고 단순한 동물인 것이다.

양은 뿔이 없어 반항도 할 줄 모르고 그저 복종하고 순종만 하는 체질인 것이다. 그래서 목자 한 사람이 수백 마리 양을 기를 수가 있는 것이다.

양은 목을 매는 법도 없고 코를 뚫을 필요도 없고 입에 자갈을 물리는 법도 없다. 평화의 상징으로 말할 때는 언제나 비둘기와 양을 가지고 말을 하게 된다.

사람들도 자신의 성품이 온유하고 순해서 화목하기를 좋아하고 평화를 만들어 내는 사람도 있다. 그런가 하면 슬프게도 염소와 같은 사람이 있다. 염소의 특징은 간교한 사람, 배은망덕한 사람, 이간질을 잘하는 사람을 염소와 같은 사람이라고 한다. 염소는 양과 달리 불순종을 하고 소리를 지르는 것이 특징인 것이다. 주인의 뜻을 따르지 아니하고 불평을 하고 자기를 과시하기 위해서 소리를 자꾸 질러대기도 한다. 염소는 뿔을 가지고 동료들도 박아버리고 목자도 들이박고 보이는 것마다 자기 뿔로 들이박아 버린다.

사람들 가운데서 이런 유형의 사람이 있다는 것이다. 감사생활보다는 원망과 불평이 많은 사람이 있고 감사하는 마음과 기쁨 마음과 사랑하는 마음은 전혀 없고 시기, 질투, 이간질하는 마음이 가득 찬 염소의 마음을 가진 사람들도 있다는 것이다.

탈무드에서는 참된 제자가 무엇인가? 에 대하여 열심히 배우는 사람이다. 참된 강한 사람이 누구냐? 자신을 억제하는 사람이다. 참된 부자가 누군가? 가진 것을 만족할 줄 알고 범사에 감사하는 사람이 부자인 것이다.

불만과 불평을 말하는 사람은 은을 주면 금을 달라고 불평할 것이고 금을 주면 진주를 달라고 불평할 것이다.

사람들은 이상한 성격을 가지고 있다. 컵에 물이 반 담겨 있다고 감사하는 사람도 있고 또 어느 분은 반 컵밖에 없다고 불평을 한다. 불평은 원망을 낳고 원망은 불행을 낳는다. 감사는 기쁨을 낳고 기쁨은 행복을 가져온다.

불만과 불평하는 사람은 감사를 연습하여 감사를 습관화하여야 한다.

옛날보다 지금은 우리의 바라는 요구가 너무 많다. 해방 전후에는 집이 있고 직장이 있고 일용할 양식이 있고 건강하고 그래서 18가지 조건만 있으면 사람들이 행복하다고 느꼈지만 70년대에는 72가지가 있어야 행복을 느낄수가 있고 지금은 496가지가 있어야 행복을 느낀다고 한다.

이것은 앞으로 몇가지 조건으로 늘어날지도 모르고 인간의 요구 조건은 끝나지 않을 것이다.

세가지 눈동자

첫째는 나의 안을 바라보는 눈을 가져야 할 것이다.

나 자신을 바라보고 내 양심을 살피는 눈을 가져야 한다는 것이다. 희랍의 철인 소크라테스는 "네 자신을 먼저 알라고 했다" 나의 위치를 알고 나의 분수를 잘 알지 못하고 화려하게 살다가 다른 사람에게 경제적으로 큰 손해를 끼치는 사람들이 어디 한둘인가 나의 실력과 나의 환경을 알고 살아가야 할 것이다.

둘째는 멀리 보는 눈을 가져야 할 것이다. 100년을 내다보는 지평선의 눈을 가져야 할 것이다. 오늘 어려운 현실만 쳐다보고 현실에 불안을 가지고 의기소침하면 소망의 길은 보이지 않을 것이다.

어려움을 참고 풀리지 않는 숙제를 인내하며 목표를 향하여 계속 달려가도록 전진만 하면 환경이 점점 바뀌어질 것이다.

셋째는 높이 보는 눈을 가져야 한다.

땅에 것만 바라보지 말고 위에 것을 바라보는 수직적인 눈을 가져야 할 것이다. 어느 부인이 남편이 죽고 생활이 어려워서 어린 딸을 데리고 선교사의 집에 파출부로 들어가게 되었다. 선교사는 딸을 헬렌이라고 이름을 지어 주었다. 헬렌은 중3학년때 밤 10시에서 12시까지 교회에 나와서 밤마다 계속 기도를 하였다.

어느 날 수많은 여성들이 "헬렌아 우리를 도와 달라"라고 아우성치는 환상을 기도 중에 보게 되었다. 그리고 "너는 저 환상을 보았느냐 결혼을 포기하고 계속 공부하여 저 사람들의 요구를 들어주라"는 음성을 듣게 되었다.

헬렌은 자신이 본 환상이 너무도 신기해서 어머니와 선교사에게 전해주었다. 그래서 헬렌은 선교사의 도움을 받아 미국에 가서 공부하여 문학박사와 철학박사가 되어서 한국으로 돌아오게 되었다. 그리고 이화여자 대학교 총장이 되어서 한국에서 유력한 지성인 여성들을 길러내는 엄청난 사명을 감당한 것이다.

식모의 딸이었던 그가 김활란 박사인 것이다. 하나님은 높이기도 하시고 낮추기도 하시고 거름더미에서 들어서 귀족의 자리에 앉게 하신다고 말씀하고 있다.

맹인가수 윤인수 목사

중병으로 앓아누워있는 어머니를 간병하기 위하여 어린 소년 윤인수는 길거리에 나가서 신문을 팔고 껌을 팔면서 열심히 돈을 벌었다. 힘이 들게 번 돈을 가지고 기뻐하며 집으로 돌아와서 어머니에게 돈을 내놓았다. 돈을 받아 든 어머니는 인수의 등을 두들겨 주면서 십일조 헌금을 먼저 떼어 놓아야지 하였다. 이 말을 들은 인수는 화를 내면서

"십일조는 무슨 십일조 헌금을 합니까? 하나님께서 우리에게 해준 것이 무엇이 있단 말입니까? 나는 눈을 멀게 했고 어머니는 병들게 했고 공산당에게 재산을 다 빼앗기고 피난민 신세가 되었는데 무슨 십일조를 내라고 하십니까?"

그러나 병든 어머니는 이런 아들의 손을 꼭 쥐고서

"인수야, 고향을 잃어버린 것도 한스럽고 집을 잃어버린 것도 원통하고 건강을 잃어버린 것도 서러운데 이제는 하나님까지 잃어버

리고 믿음마저 버린다면 무엇하나 남겠니?" 하면서 눈물로 호소를 하였다.

기독교인들은 모든 것 다 잃어버려도 믿음을 잃어버리면 절대로 안된다는 것이다. 윤인수는 그 후에 은혜를 받고 신학을 공부하여 최초에 맹인 목사가 되었다.

십일조 헌금을 반드시 바쳐야 되느냐고 질문을 하는데 대답은 반드시 바쳐야 된다고 대답을 하게 된다. 구약 말라기 3:10절 하늘문을 열고 너희에게 복을 주신다고 약속하셨다. 신약 누가복음 11:42절에 단 한 번의 언급이 나온다. 주님께서 한마디 하신 말은 화 있을진저 너희 바리새인이여 너희가 박하와 운향과 모든 채소의 십일조를 드리되라고 하였다.

기독교인의 십일조 헌금은 주님을 사랑한다는 표시이고 내가 주님께 헌신한다는 표시인 것이다. 사랑하는 이에게 드리는 것은 어떤 규례나 조문이 사실 필요가 없는 것이다.

십일조 헌금은 믿음과 순종의 표시인 것이며 또 주신다고 약속하신 신뢰의 표시도 되는 것이다. 그러면 십일조 헌금을 어떻게 사용해야 올바로 사용할 것인가? 이 질문은 성경에서 대답하고 있는데 신명기 26:12절 여기에 나타난 대로 헌금에 대하여 용도는 두 가지로 나타난다.

첫째는 레위인의 생활비인데 다시 말하면 교역자들의 생활비요. 사찰 운전기사 즉, 교회 직원이다.

둘째는 과부와 고아등의 구제비인 것이다. 바로 가난한 사람들을 위하여 쓰는 용도인 것이다.

전 세계적으로 복을 받았다고 부러워하는 나라는 미국이다. 미국은 청교도들의 신앙으로 세워진 나라이다. 한국에도 오늘날 경제적으로 성장하는 것도 한국에 십일조 신앙이 형성되면서부터 받은 축복이라고 생각을 하게 된다.

함태영 부통령

함태영 목사가 부통령으로 제직 할 때에 전라남북도를 순시할 때 광주에서 전주로 올라오는 길이었다. 부통령 각하를 모신 일행은 전주를 앞두고 삼일밤 예배시간을 알리는 농촌교회에서 종소리를 듣게 되었다. 종소리를 듣자 부통령 각하는 비서실장에게 즉시 종 치는 마을 교회로 들어가서 예배를 드리고 가자고 하였다.

비서실장은 "각하 저 종소리 나는 마을 교회는 전기불도 없는 초 라한 촌마을 교회입니다. 그리고 조금만 더 가면 전주에 도착하시 고 전주에서 기다리는 분들을 잠시 만나고 숙소에서 쉬셔야 합니 다."

그러나 부통령은 "안된다. 즉시 저 예배당으로 들어가자" 일행들 은 할 수 없이 사방으로 연락하고 조그마한 촌 예배당에 들어갔다.

농촌교회 전도사가 "부통령에게 참 목사님 오늘 밤 예배에 설교를 전해주시지요."라고 권하자 말씀을 전하게 되었다.

삽시간에 소문이 퍼지자 사방팔방에서 모여든 사람들이 인산인해를 이루어서 조그마한 농촌교회에 콩나물처럼 빽빽하게 사람들이 꽉 차게 되었고 밖에도 많은 사람들이 모여 가득 차게 되었다.

목사 함태영 부통령을 수행하던 경찰관의 고백은 그때 예배드리는 한 사람이 얼마나 소중한가를 비로소 깨닫고 자기도 그때부터 예수를 믿기로 고백했다고 한다.

기독교인들은 예배 중심으로 살아야 은혜를 받기도 하고 축복을 받고 타인들에게 본이 되기도 한다.

주일날 예배 드리는 행위는 인간의 행복을 위해서 창조주께서 우리에게 주신 최상의 은혜의 날이고 최고의 축복의 날이 되기도 한다. 하나님께서는 일하시고 안식하셨지만 인간은 안식으로부터 삶이 시작이 되는 것이다. 주일날은 주님의 날이요. 생명의 날이요. 구원의 날이기도 한다.

주일날에 성령께서 제자들에게 임재하셨고 교회가 탄생하게 되었다. 그러므로 주일은 구원함과 심판으로 갈라지는 날이요. 천국과 지옥으로 그리고 선민과 자연인으로 신자와 불신자를 갈라놓는 날이 된다.

하나님의 심판의 기준은 주일날로 판가름하는 날이 될 것이다. 기독교인들은 주일예배를 드림으로 우리의 심령이 거룩해지는 것이고, 주일을 통해서 마음에 평안을 얻게 되는 것이고 축복도 받게 되는 것이다.

세계 역사상 주일날을 침략의 날로 삼은 국가는 패망을 반드시 하였다.

이집트가 이스라엘을 침략하기 위해서 속죄일 주일을 이용했지만 결국 패망하고 영토를 잃는 비극을 맛보게 되었다.

일본이 진주만을 주일아침에 습격하여 승리한 것 같이 보였지만 결국 망해버렸다. 북한이 남침한 6.25일 아침은 바로 주일날 아침이었는데 오늘날 저주를 받고 기근과 기갈 속에서 죽음을 당하고 있지 않은가 결국 선과 악이 주일로 구별되는 것이고 행운과 불행도 이날로 결정이 되고 있다.

행복해지는 비결

　인생(人生)은 짧다. 그런데 왜 지루할까? 어려움 속에서 근심하며 걱정 속에서 살아가기 때문이 아닐까? 잠을 못 자는 사람에게는 밤이 긴 것이고 고달픈 사람에게는 한 걸음도 멀게 생각이 되는 것이다.

　투쟁에 지친 사람은 삶 자체가 지루하게 생각이 된다. 괴테는 일생에 24시간이 행복했다고 말했고 바이런은 일생에 1주일동안 행복한 사람이었다고 말한 바 있다.

　어느 시인은 달을 보고서 "명월(明月)아 너는 하늘 높이 떠다니니 어느 곳에 행복이 있더냐? 그 어느 곳에든지 가겠으니 네게 알려다오."

　그러나 아무 말 없이 지나가고 말았다. 이제는 바람을 보고서 "청풍(淸風)아 너는 온 세계를 불고 다니니 어느 곳에 참된 행복이 있는지 나에게 알려다오." 그러나 옷자락만 휘날리며 아무 말도 없이 가버리고 말았다.

행복이 무엇인가. 어느 분은 마음이 편하고 배가 부르면 행복한 것이라고 하였다.

마음이 편한 것은 정신적인 문제요. 곧 영혼의 문제요. 종교적인 문제가 아닐까 생각을 해본다. 올바른 진리를 배우고 영생의 말씀을 터득할 때 마음에 기쁨과 감사와 평안이 오게 될 것이다.

찬송가 가사 중에도 "나 어느 곳에 있든지 늘 맘이 편하다 주예수 주신 평안함 늘 충만하도다" 진리를 깨닫고 진리와 함께하면 마음이 편하고 행복해진다.

또한 배부른 것은 육신의 문제요. 경제 문제가 안정이 되어야 한다.

성경은 "공중의 새를 늘 먹이시고 들에 백합화를 입히시고 구하는 자가 얻게 되고 찾는 자가 만나게 되고 문을 두드리면 열릴 것이라"라고 말하고 있다.

인간의 성실한 노력을 의미하는 말이라고 생각할 수가 있다.

우리의 삶에 있어서 준비를 잘하면 좋은 성과를 얻게 된다. 은행에서는 저축을 하면 좋은 결과가 있다고 한다. 증권회사에서는 투자를 하면 재미를 본다고 한다. 교회에서는 은혜를 받으면 기쁘고 행복해진다고 한다.

이 세상에서 행복한 사람은 부러울 것이 없이 사는 사람일 것이다. 내가 가진 것이 제일 좋다는 가치관을 가지고 산다면 더 바랄 것이 없고 욕심부릴 것도 없을 것이다.

"여호와는 나의 목자시니 내게 부족함이 없으리로다." 이 한 구절은 인간의 상식이나 인간의 철학이나 종교관을 통해서는 상상도 할 수 없는 높은 가치관의 진리인 것이다.

이 진리의 가치를 가지고 살게 되면 말로 다 할 수 없는 영광과 기쁨과 행복을 느끼게 될 것이다.

창조섭리

성경을 보면 남자는 흙으로 만들었고 여자는 남자의 갈비뼈를 취하여 만들었다고 선언했다.

재료가 달라서 여자는 값이 비싸다. 이렇게 여자를 소중하게 만든 이유가 무엇인가?

여자로 하여금 가정을 세우기 위한 것이다. 가정이 무엇인가? 바로 집인 것이다. 창조의 원리 가운데 여자는 집이라고 하였다. 여자가 있는 곳이 바로 집이요. 집은 쉬는 것이요. 집은 보화가 있는 곳이요. 집은 밥상이 있는 곳이다.

여자가 없으면 집이 없는 것이 된다. 여자는 참으로 소중한 존재인 것이다. 여자가 작아서 남자의 품에 안기지만 마음으로는 남자가 여자의 품에 안기는 것이다. 남자가 여자를 무엇이라고 부르는가? 우리 집사람이라고 부른다.

그 이유는 여자가 가족을 살펴주기 때문인 것이다. 어릴 때는 어머니가 살펴주고 결혼해서는 아내가 살펴준다. 여자는 살림하는 집이요. 여자가 있는 곳이 쉼터가 된다.

무서운 사자들도 암놈이 무리의 대장이 되어서 전체를 이끌어 가는 것이다. 여자가 있는 곳이 쉼이 있고 그래서 직장에서 일하고 돌아와서 네 엄마 어디 있느냐고 찾게 된다. 아내가 없으면 쉼이 없다.

아이들도 엄마가 있어야 쉬고 놀고 잠이 든다. 엄마는 아이들이 사는 집이요. 쉬는 곳이요. 안식처가 된다. 여자는 보화를 간직하고 살게 된다. 모든 남자들이 돈을 벌어서 여자에게 갖다 준다.

남자는 혼자 살면 가난하게 된다. 여자 하나 먹여 살리는 것이 큰 돈 드는 줄 알지만 여자가 없으면 저축도 안되고 아무리 모아도 남지 않는다. 남자들이 아무리 사업을 잘해도 통장은 여자가 가지고 있다.

자기 아내 통장이 없으면 남자는 가난뱅이가 된다. 그래서 여자보고 우리집이라고 말하게 된다.

그 집에 보화가 있다는 것이다. 그러므로 살림을 잘못하면 여자는 남자 등골 빼먹고 온 가족을 불쌍하게 만든다. 여자는 소중한 존재인 것이다. 소중하기 때문에 나중에 창조되었으며 여자가 없으면 가정이 없는 것이다.

여자가 있는 곳이 집이 되고 가정이 됨으로 여자의 책임이 그만큼 큰 것이다. 어릴 때는 어머니가 있는 곳이 가정이고 성장해서는 아내가 있는 곳이 가정인 것이다.

남자들은 여자들이 남자를 의존하고 산다고 하지만 사실은 남자가 여자를 의지하고 사는 것이다.

여자는 남자의 안식처요. 사는 집이 된다. 그래서 남자는 여자를 잃으면 그 다음 날도 어렵게 된다. 남자들이 직장에서 피곤한 몸으로 자기 아내를 찾아 안식을 얻고자 오는 것이다.

남편에게 바가지를 긁어서 남편이 의기소침하면 사회생활에 부조화가 일어난다.

아내를 보고 남편이 집으로 돌아오고 아이들이 돌아온다. 그래서 여자는 가정이 되고 집이 되는 것이다.

땅의 소망

셰익스피어는 우리의 불행을 치료하는 한 가지 약이 있는데 바로 소망이란 약이라고 하였다. 소망을 가지면 산사람이요. 절망에 빠지면 죽은 사람과 같다고 말한 바가 있다.

맥아더 장군이 남긴 말가운데 신앙생활을 잘하면 언제나 젊어지고 의심을 가지고 살면 빨리 늙는다.

우리는 A형, B형, O형이 아니라 소망의 형이 되고 긍정적인 형이 된다면 얼마나 좋은가요. 자신감을 가지고 살면 언제나 젊고, 두려움을 가지고 살면 빨리 늙는다고 하였다.

소망을 가슴에 품고 살면 언제나 젊고 절망을 가지고 살면 빨리 늙는다고 하였다. 소망은 반드시 이루어진다는 적극적인 신념인 것이다. 그래서 소망을 가지면 얼굴 표정부터 다르고 발걸음도 씩씩해진다.

소망을 가진 사람은 쉽게 실망하거나 좌절하지 않는다. 지금 내가 당하는 고난은 절대로 종착역이 아니고 하나의 터널을 통과하는 하나의 과정으로서 어둠과 캄캄함을 느끼지만 조금만 지나면 밝은 천지가 다시 오는 것을 믿기 때문에 괴로움을 느끼지 않고 지나갈 수가 있다.

괴로운 밤이 지나면 광명한 아침이 올 것이고 엄동설한이 지나면 양춘계절이 오는 것처럼 우리에게도 유쾌하고 복된 날이 반드시 올 것이다.

꿈과 비전과 소망은 최고의 재산이요. 성공의 보약이 될 것이다. 꿈과 소망은 오늘을 보는 것이 아니고 미래에 되어질 것을 보고서 줄기차게 전진하는 것이다. 소망은 아름답게 피어나는 꽃과 같을 것이다. 그래서 소망을 가진 사람은 인내할 줄 알고 어려움을 당해도 참고 견디어 내게 되는 것이다.

아무것도 하지 못해서 괴로운 날들이 있다. 아무것도 이루지 못해서 몹시 후회되는 과거도 있다. 하지만 당장 한 줄의 실적이 없다 해도 그 시간이 영영히 무의미한 것은 아닐 것이다.

잃어버린 날이지만 아직도 햇빛은 남아있다.

함께 아름다운 세상 만들기

두 아들을 둔 어머니가 시장에 가서 사과를 사다가 두 아들에게 사과 다섯 개씩을 나눠 주었다. 사과 중에는 크고 좋은 것도 있지만 작고 벌레 먹고 안 좋은 것도 섞여 있었다.

어머니는 아들들이 어떤 사과부터 먼저 먹는가 하고 유심히 관찰을 하게 되었다. 큰 아들이 다섯 개 중에서 제일 좋은 것부터 골라서 먹고 나쁜 것은 맨 나중에 먹는 모습을 보게 되었다. 그런데 둘째 아들은 사과 먹는 방법이 좀 달랐다. 다섯 개 사과 중에서 제일 나쁜 것부터 먹고 좋은 것은 나중에 먹는 모습을 보았다.

그러니까 형과 동생 두 형제가 사과 먹는 방법이 완전히 정반대였다.

이 광경을 지켜보던 어머니는 두 아들 중에 한 아들을 칭찬해 주었다. 여러분들은 누가 칭찬을 받았다고 생각이 드나요? 독자 여러분들은 좋은 것부터 먹겠습니까? 나쁜 것부터 먹겠습니까?

동양 사람들은 대개 제일 나쁜 것부터 먹고 좋은 것은 나중에 먹는다고 한다. 그런데 서양 사람들은 대개 좋은 것부터 차례로 골라서 먹는다고 한다.

이 어머니는 두 아들 중에서 좋은 것부터 먹는 큰 아들을 칭찬하여 주었다고 한다. 왜냐하면 사과 다섯 개 중에서 처음에 제일 좋은 것부터 먹고 남은 것 중에서 제일 좋은 것을 먹고 그래서 큰 아들은 사과 다섯 개를 다 먹을 때마다 좋은 것만 먹었다는 것이다.

작은 아들은 사과를 먹을 때마다 가장 나쁜 것만 골라서 먹은 셈이 된다는 것이다. 이처럼 똑같은 세상, 똑같은 환경 속에서 여러 가지 희로애락을 겪으면서 똑같은 인생살이를 하는데 어떤 분은 밝은 면을 찾아 살아가고 같은 환경 속에서 불평과 원망과 다툼과 짜증 속에서 살아가는 사람이 있다는 것이다.

성공하고 승리하는 사람은 어두운 과거 절망적인 삶을 바라보지 말고 미래를 바라보고 소망을 가지고 새로운 삶으로 전진해야 한다는 것이다.

모든 일은 정한 시가와 방법이 있을 것이다. 약속어음은 당장에 현금이 되는 것은 아니다. 정해진 날짜가 되어야 돈으로 바뀌어지는 것이다. 조급한 마음보다는 기한을 두고 기다리는 인내가 필요한 것이다.

5분이란 시간

초판 1쇄 인쇄 2025년 10월 25일
초판 1쇄 발행 2025년 10월 30일

지은이 : 나명환
편집자 : 현수지
펴낸곳 : 상지출판사
주   소 : 대전광역시 유성구 복용로12
전   화 : (042) 226-3114
팩   스 : (042) 638-1415
E-mail : gack0191@daum.net
등록번호 : 제2020-000029호

ISBN 979-11-92850-27-6
값 15.000원

이 책은 한국예술인복지재단에서 받은 기금으로 낸 서적입니다.